비포
제인 오스틴

비포 제인 오스틴
최초의 문학이 된 여자들

ⓒ 홍수민 2025

초판 1쇄　2025년 6월 16일

지은이　홍수민

출판책임	박성규	펴낸이	이정원
편집주간	선우미정	펴낸곳	도서출판 들녘
기획이사	이지윤	등록일자	1987년 12월 12일
편집진행	이수연	등록번호	10-156
디자인진행	조예진	주소	경기도 파주시 회동길 198
편집	이동하·김혜민	전화	031-955-7374 (대표)
마케팅	전병우		031-955-7389 (편집)
경영지원	나수정	팩스	031-955-7393
제작관리	구법모	이메일	dulnyouk@dulnyouk.co.kr
물류관리	엄철용		

ISBN　979-11-5925-945-6 (03800)

값은 뒤표지에 있습니다. 파본은 구입하신 곳에서 바꿔드립니다.

비포 제인 오스틴

최초의
문학이 된
여자들

홍수민 지음

들녘

집필에 도움을 주신

안소현, 강아람 선생님께

감사를 전합니다.

〈일러두기〉

이 책에서 자주 인용하거나 참조하는 책을 각주로 표기하는 방법은 다음과 같습니다.
- 떠돌이 혹은 추방된 기사들: 애프러 벤,『떠돌이 혹은 추방된 기사들』, 홍유미 옮김, 지만지드라마, 2019.
- 무라사키시키부 일기: 무라사키시키부,『무라사키시키부 일기』, 정순분 옮김, 지식을만드는지식, 2011.
- 불타는 세계: 마거릿 캐번디시,『불타는 세계』, 권진아 옮김, arte, 2020.
- 베갯머리 서책: 세이쇼나곤,『베갯머리 서책』, 정순분 옮김, 지식을만드는지식, 2015.
- 사누키노스케 일기: 사누키노스케,『사누키노스케 일기』, 정순분 옮김, 지식을만드는지식, 2013.
- 사라시나 일기: 다카스에의 딸,『사라시나 일기』, 정순분·김효숙 옮김, 지식을만드는지식, 2012.
- 세비녜: 안 포레 카를리에·자클린 리슈탱슈타인·장 마리 브뤼종·장 프랑수아 그룰리에,『세비녜』, 장진영 옮김, 창해, 2001.
- 숙녀들의 도시: 크리스틴 드 피장,『숙녀들의 도시』, 이봉지 옮김, 지식을만드는지식, 2011.
- 아벨라르와 엘로이즈: 아벨라르·엘로이즈,『아벨라르와 엘로이즈』, 정봉구 옮김, 을유문화사, 2015.
- 여성들의 도시: 크리스틴 드 피장,『여성들의 도시』, 최애리 옮김, 아카넷, 2012.
- 제4신분, 중세 여성의 역사: 슐람미스 샤하르,『제4신분, 중세 여성의 역사』, 최애리 옮김, 나남, 2010.
- 중세 여성철학자 트리오: 신창석,『중세 여성철학자 트리오』, 일조각, 2021.
- 중세의 여인들: 아일린 파워,『중세의 여인들』, 이종인 옮김, 즐거운상상, 2010.
- 처음 읽는 여성의 역사: 정현백,『처음 읽는 여성의 역사』, 동녘, 2011.
- 클레브 공작부인: 라 파예트 부인,『클레브 공작부인』, 류재화 옮김, 문학동네, 2011.

들어가며

호주의 페미니스트 학자 데일 스펜더(Dale Spender)는 1986년 발표한 연구서 『소설의 어머니들 *Mothers of the Novel: 100 Good Women Writers Before Jane Austen*』에서 17세기와 18세기, 19세기 초반 영문학의 '여성 소설'들을 다룹니다. 페미니스트 영문학 회복 프로젝트의 중심이 된 이 연구는 의외의 지점에서 시작되었습니다. 처음에 스펜더는 제인 오스틴 이전의 여성 소설가들이 문학적으로 중요한 위치를 차지하지 못했다고 생각했습니다. 그러나 연구를 진행할수록 그는 이전 세기에서 점점 더 많은 여성 작가들과 여성 소설들을 발견하게 되었고, 제인 오스틴이 여성 소설의 시작점에 서 있는 것이 아니라 여성 문학의 오랜 전통을 계승한 인물임을 깨닫게 됩니다.

그 전까지 스펜더는 제인 오스틴 이전에도 수많은 여성들이 소설을 써왔다는 사실을 알지 못했습니다. 이 전통과 그 전통의 일부였던 여성들이 너무도 잊힌 탓에 널리 알려지지 않았기 때문이지요. 대부분의 독자들이 들어본 적도 없고 존재하는지조차 몰랐던 여성 소설가들의 위대한 유산을 찾아냈을 때, 스펜더는 기존 영문학 연구가 크나큰 상실을 겪고 있다는 사실을 발견했습니다. 과거 시대의 여성 소설가를 발굴할수록, 그 여성들의 작품을 읽을수록, 그는 이 잃어버린 전통을 되찾을 필요성과 중요성을 점점 확신하게 되었습니다. 그리고 여성 소설이 제인 오스틴부터 시작되었다는 기존 문학계의 통념에 도전해야 함을 깨닫습니다.

결과적으로, 스펜더는 이 잊힌 여성 작가들과 그들의 작품을 현대 독자들에게 전달하는 것을 연구의 우선순위에 놓았습니다. 그리고 연구 결과, 충격적인 사실을 밝혀냈습니다. 근대소설의 태동기에 백 명 이상의 여성 소설가가 영국에서 활동했던 반면, 남성 소설가는 삼십 명 미만에 불과했습니다. 다시 말해, 남성 한 명당 최소 세 명 이상의 여성 소설가가 존재했다는 것입니다. 그런데도 영문학의 기존 권위자들은 근대소설의 아버지들로 흔히 다섯 명의 작가, 대니얼 디포, 헨리 필딩, 새뮤얼 리처드슨, 토비아

→ Dale Spender, *Mothers of the Novel: 100 Good Women Writers before Jane Austen* (Pandora Press, 1986), 6.

스 스몰렛, 로렌스 스턴을 꼽고 있었습니다. 이처럼 편향된 역사 서술은 이 몇 명의 남성 작가들이 백 명 이상의 여성 소설가들보다도 근대소설의 발전에 더 크게 기여했다는, 고작 다섯 명의 남성이 백 명 넘는 여성보다 우수하다는 성차별적 전제를 내포하고 있습니다.

스펜더는 자신의 연구에서 기존의 통념을 거스르며 여성들이야말로 근대소설의 어머니들이었다고 주장합니다. 그리고 여성과 소설의 관계를 탐구하려면 19세기 초가 아니라 '소설의 탄생'으로 돌아가 새로운 장르의 발전에서 여성의 역할을 탐구해야 한다고 말하지요. 사실 여성이 남성보다 소설의 발전에 더 크게 기여했다는 주장은 얼핏 당연하게도 느껴집니다. 새로운 것의 탄생에 새로운 사람들이 나섰다는 이야기니까요. 권리도 정체성도 보장되지 않던 당시의 여성들에게 글쓰기는 본질적으로 독자성과 자율성을 주장하는 일이자, 종종 저항 행위였습니다. 이는 여성들에 대한 핍박과 박해가 오히려 그들로 하여금 기존의 권위에 저항하며 새로운 것을 창조하도록 만들었음을 시사합니다. 스펜더는 말합니다.

(여성 작가들에게) 쓰는 것은 존재하는 것이었습니다. 창조하고 존재하는 것이었습니다. '주인'들의 간섭 없이

세계관을 구축하고 통제하는 것이었습니다.⁺

당시의 여성들은 당연히 글쓰기를 전문적으로 교육받지 못했습니다. 체계적인 교육의 부재는 모든 여성들이 처한 현실이었기 때문에, 여성 교육은 그들의 작품에서 가장 자주 등장하는 주제 중 하나이기도 합니다. 여성 작가들은 대부분 독학으로 글을 배웠습니다. 독학은 여성 작가들이 기존의 문학적 관습에 얽매이지 않고 새로운 표현 방식을 개발하는 계기가 되었습니다.

그리고 귀족적 취미로 글을 썼던 많은 남성 작가들과는 달리, 일부 여성 작가들은 생계를 위해 글을 써야 했습니다. 특히 스펜더가 연구한 17~18세기의 여성 작가들은 대부분 자신과 가족을 부양하기 위해 글을 썼지요. 직업 선택권이 극히 제한된 사회에서 생계형 여성 작가들은 집필에 필사적일 수밖에 없었습니다. 만약 작가로 일할 수 없게 되면 다른 일을 찾아야 했는데, 여성에게는 직업을 얻을 수 있는 기회가 거의 전부 닫혀 있었기 때문입니다. 따라서 글쓰기는 여성 작가들에 이르러 비로소 온건한 취미

⁺ "To write was to be; it was to create and to exist. It was to construct and control a world view without interference from the 'masters'."
Dale Spender, *Mothers of the Novel: 100 Good Women Writers before Jane Austen* (Pandora Press, 1986), 3.

활동이 아닌 전문적인 노동이 되었고, 이러한 악조건은 그들로 하여금 독자의 관심을 끌기 위해 혁신적인 시도를 하도록 했습니다.

마지막으로, 초기 근대소설의 대부분이 편지 형식을 취했다는 점을 고려하면 여성과 소설의 관계를 더 쉽게 이해할 수 있습니다. 편지는 본질적으로 감정을 탐구하고 관계를 유지하는 데 적합한 매체입니다. 공적인 세계로부터 배제당한 여성들은 종종 편지 쓰기로 자신들만의 사적인 세상을 이루었을 뿐만 아니라 그 분야에서 뛰어나게 되었습니다. 한마디로, 사적인 의미에서의 '편지 쓰기'는 전통적으로 여성의 문화였다는 것입니다. 오고가는 수많은 편지 속에서 여성들은 인간의 처지를 탐구하고 인간 본질을 이해하려 했으며 어떤 인간이 왜 특정 방식으로 행동하는지, 그리고 다른 방식으로 행동할 수 있는지 물었습니다. 그들은 당시 남성 지식인들 사이에서 유행하던 권위적인 이론들에 대해서는 고려하지 않은 채, 오로지 자기 주변 인물들의 성격과 행동을 예리한 눈으로 관찰하여 인간 사회를 설명하려 시도했습니다. 그리고 여성들의 이러한 사적인 활동이 공적이고 전문적인 활동으로 전환되었을 때, 비로소 근대소설이 탄생하였습니다. 편지 작가로서 그들이 쌓은 업적으로부터 근대소설의 필수 요소 중 하나인 '개인'이 탄생한 것입니다.

이렇게 여성 작가들을 발굴하는 과정은 복합적인 감정을 불러일으킵니다. 한편에는 잊힌 여성 문학의 보물들을 발견하는 기쁨이, 다른 한편에는 이토록 가치 있는 작품들이 역사에서 지워진 현실에 대한 분노와 슬픔이 자리하지요. 그럼에도 불구하고 여성 고전은 우리에게 세상에 대한 이해가 풍부해지는 재미를 줍니다. 가령 스펜더는 현대 여성인 자신이 시대적 차이에도 불구하고 과거 여성 작가들의 작품에 공감한다는 사실을 놀라워하면서, 여성 소설이 여성들이 가부장제 사회에서 살아온 연속된 경험의 기록이기 때문에 이러한 유사성이 발생한다고 분석했습니다. 그들과 우리가 공유하고 있는 경험이 과거에 쓰인 고전을 읽을 때 발생할 법한 어려움을 줄여준다는 것입니다.

과거의 여성들이 물려준 업적을 현대의 여성 작가와 독자들이 계승함으로써, 과거와 현재를 잇는 여성 문학의 연속성이 만들어졌습니다. 여성 문학의 이러한 면은 고전이라는 "수세기 너머에 가 닿을 너른 바다"[1] 앞에서 우리가 즐겁게 유영할 수 있도록 도와줍니다. 이 책은 여성 고전을 찾는 독자 여러분의 즐거운 헤엄을 돕고자 합니다. 차례대로 10~12세기 헤이안 일기 문학, 중세 수녀들의 문예 활동, 15세기에 집필된 크리스틴 드 피장의 『여성들의 도

---

[1] Madeline Miller, *Galatea* (Bloomsbury Publishing, 2022), 56.

시』, 12세기 르네상스와 16~17세기 영국 르네상스기에 활동한 여성 작가들, 마거릿 캐번디시의 『불타는 세계』, 라파예트 부인의 『클레브 공작부인』을 소개합니다. 그 과정에서 묻혀 있던 여성 문학의 유산을 되찾고, 문학에 대한 새로운 이해를 널리 퍼뜨리고자 합니다. 그러나 무엇보다도, 독자 여러분께서 여성 고전을 읽는 즐거움을 찾으시기를 희망합니다. 제가 이 책을 집필하면서 과거의 여성들과 공명하였듯이, 또 스펜더가 그러하였듯이 말입니다.

차례

들어가며 **7**

1장
헤이안, 중궁님이 보고 계셔!
헤이안 문학소녀와 '걸어서 세계 속으로' **18**
언프리티 일기 문학 **27**
수필 vs 소설, 잘 봐 언니들의 싸움을 **31**
고참 여방들의 슬기로운 문예 생활 **40**
폐하, 그 강을 건너지 마세요 **48**

2장
중세 유럽 시스터 액트
로스비타, 너의 강한 목소리가 들려! **56**
결혼은 선택, 철학적 사유는 필수 **62**
여자의 철학, 가장 정치적인 문제가 되다 **70**
요람에서 무덤까지, 여성 문학의 인큐베이터 **76**

3장
난공불락의 도시에 오신 것을 환영합니다
여성 논쟁, 드랍 더 비트 **90**
1400년대 여성혐오자들의 베스트셀러 **93**
여성은 도시를 부수고 창조한다 **101**
여성주의인가 아닌가, 그것이 문제로다 **109**

4장
잃어버린 르네상스를 찾아서
- 땅에 묶고 가둔다면 사랑도 묶인 채, 결혼도 묶인 채 **118**
- 이토록 도발적인 중세 부부의 세계 **126**
- 해시태그 #애증 #정쟁 #냉혈남 #망한사랑 **132**
- 팬과 안티를 모두 미치게 만든 슈퍼 스타 극작가 **142**

5장
미친 매지와 정신 나간 물질의 세계
- 신은 주사위 놀음을… 할까? 말까? **154**
- 너는 듣고 있는가, 기계적 과학의 노래 **159**
- EPPUR SI MUOVE, 그래도 물질은 살아 있나니 **164**
- 장래희망은 미래의 자연철학 인플루언서 **168**
- 공작부인의 다시 만난 불타는 세계 **174**

6장
귀부인은 문학과 연애한다
- 사교계의 여왕? 문단의 여왕! **183**
- 체험, 숨 막히는 궁정 생활의 현장 **190**
- 로망이든 누벨이든 스타일이 좋으면 그만이지 **196**
- 엇갈리는 사랑의 서막: 응답하라 1678 **202**
- 공작님의 X는 당신을 선택하지… **208**

나오며 **217**
참고문헌 **220**

1장

헤이안, 중궁님이 보고 계셔!→

#10~12세기 #일본 #헤이안_문학 #일기_문학
#무라사키시키부 #겐지_이야기 #세이쇼나곤 #베갯머리_서책

→ 본 장은 지식을만드는지식에서 출간된 헤이안 여성 문학 작품들의 번역과 해설을 근간으로 합니다.

헤이안 문학소녀와 '걸어서 세계 속으로'

몇 년 전, 효고현 히메지시에서부터 도쿄까지 약 육백 킬로미터에 이르는 거리를 옛 일본국유철도인 JR만 타고 이동한 적이 있습니다. 서울과 부산 간의 거리가 325킬로미터라고 하니 얼마나 먼 거리였는지 가늠이 되시지요? 팬데믹 직전에 같은 루트로 또다시 여행을 했었습니다. 그땐 교토에 있는 친구 집에서 돌아오는 길이었어요. 다만 수월했던 지난 여행과는 달리, 10호 태풍 크로사가 하필이면 저와 같은 경로를 택했다는 차이가 있었습니다. 갑자기 열차 내 모든 휴대폰이 울리더니 예상치 못한 역에서 강제로 하차하게 되었습니다. 다음 열차 시간을 확인하려고 고개를 드니, 전광판 위의 열차편 정보들이 줄줄이 운행정지로 교체되고 있었지요. 역내에 쉬지 않고 경고 메시지가 방송되는 와중에 주위 사람들은 모두 휴대폰을 붙들고 소리를 질러댔습니다. 저는 동쪽으로 가는 마지막 표 한 장을 겨우 잡아, 강한 모래바람이 날리는 아타미에서 하루를 머물 수 있었습니다.

이처럼 오늘날에도 관서와 관동을 오가는 여행은 각종 돌발 상황을 각오해야 하는 긴 여정입니다. 그런데 무려 천 년 전에 목숨을 걸고 저와 같은 길을 지난 소녀가 있다면, 믿어지시나요?

『사라시나 일기更級日記』는 11세기 일본 헤이안 시대를 살던 한 소녀가 사회를 경험하면서 현실에 눈뜨고 신앙생활에 전념하게 되는 과정을 기록한 작품입니다. 글쓴이는 열 살 때 지방관으로 부임한 아버지를 따라 가즈사 지방에 내려가 수년을 보내고 열세 살에 비로소 고향인 헤이안쿄로 돌아오는데, 『사라시나 일기』는 그 귀경을 기점으로 시작합니다. 무려 삼 개월이 걸린 이 귀경은 현재의 치바-사이타마-카나가와-시즈오카-아이치-시가-교토를 거치는, 전체 여정 약 오백 킬로미터에 달하는 대장정이었습니다.

헤이안 시대에는 여행, 특히 장거리 여행을 할 기회가 매우 드물었습니다. 도로나 숙박 시설 등이 없어서 수행 인원과 경비가 많이 필요했기 때문입니다. 더욱이 활동 범위가 굉장히 제한되었던 헤이안 시대 여성들에게 이렇게 긴 여행은 좀처럼 경험할 수 없는 특별한 일이었습니다.

헤이안 시대에 귀족 여성들은 주로 저택 안에서만 살았습니다. 여방과 같은 궁중 여성 이외의 여성들은 성인이 되면 형제에게도 얼굴을 보여선 안 되었고, 항상 집 안에 머물러야 했으며, 외출도 할 수 없었습니다. 부득이하게 외출할 때엔 발을 늘어뜨린 우차를 탔습니다. 집 안에서도 남성과 대면할 때는 사람과 사람 사이에 발을 내려두었으며, 말도 직접 섞지 않고 시녀를 통하였습니다. 당연히 아주 가까운 이들 외에는 직접 얼굴을 마주할 수 없었습니다.

이런 상황에서도 매우 드물게나마 여성이 장기간 집을 떠나는 경우가 있었는데, 바로 중류 귀족이 지방관으로 부임할 때였습니다. 권력의 핵심을 이루던 당시의 상류 귀족들은 도읍지인 헤이안쿄 밖으로 나가려고 하지 않았습니다. 즉 헤이안 시대의 장거리 여행은 중앙 관직에서 밀려난 사람들이나 겪게 되는 특수한 경우였다는 것입니다. 『사라시나 일기』의 글쓴이는 바로 그런 지방관 다카스에의 딸(菅原孝標女, 1008~1059)입니다.

지방관으로 부임할 때엔 상황에 따라 부인이나 자녀들과 동행하거나 가족들은 헤이안쿄에 두고 혼자만 다녀오는 경우가 있었는데, 『사라시나 일기』 글쓴이의 아버지는 본처, 즉 글쓴이의 친어머니만 헤이안쿄에 두고 자녀들은 데리고 가며, 그 자녀들의 양육과 교육을 위해 다른 부인을 동행시켰습니다. 그렇게 다카스에의 딸은 열 살에서 열세 살까지를 가즈사라는 지방에서 보내게 되었습니다. 가즈사는 오늘날 치바현에 해당하는 지역으로, 지금의 교토인 헤이안쿄를 수도로 삼았던 헤이안 시대에는 소위 말하는 '시골'이었지요. 이때부터 귀향하는 그날까지 글쓴이는 늘 마음 한편으로 헤이안쿄를 그리워합니다. 그가 헤이안쿄로 돌아가고 싶어 한 이유는 오직 하나, '모노가타리(物語)'를 마음껏 읽을 수 있기 때문이었습니다.

나는 그저 모노가타리를 읽을 생각에만 정신이 팔려 있어서
"빨리 모노가타리를 구해주세요, 빨리요" 하며 어머니를
졸라댔다. 그랬더니 어머니가 여기저기 수소문한 끝에
친척 중에 에몬노 명부라는 분이 산조궁에서 일한다는
얘기를 듣고 편지를 써 보냈다. 그러자 그분은 우리가
헤이안쿄로 무사히 돌아온 것을 축하한다며 내친왕께서
읽으시던 모노가타리를 선물로 보내주셨다. 특별히 공들여
만든 모노가타리들이 담긴 멋진 벼루 상자를 받는 순간
나는 하늘에라도 날아오를 만큼 기뻤다. 너무나 좋아서
모노가타리를 손에서 놓을 새도 없이 밤낮으로 읽었다.
그런데 이 모노가타리라는 것이 참 묘해서 하나를 읽으면
또 다른 것이 읽고 싶어지는 것이었다. 그러다 보니 갈수록
모노가타리에 대한 욕심만 커져서 다른 일은 아예 눈에
들어오지도 않았다. 지금 생각해보면 헤이안쿄에 돌아온
지 얼마 되지도 않았는데 누가 그렇게 모노가타리를 계속
구해다 줄 수 있었겠는가 싶다. 내가 생각해도 그때는 정말
철이 없고 세상 물정을 몰랐다.

기운 없이 지내는 나를 보시고 어머니는 어디에선가
모노가타리를 구해 오셨다. 그런데 이것이 웬일인가?

→ 사라시나 일기, 53~54쪽.

모노가타리를 읽기 시작하자 마음이 순식간에 밝아지는
것이었다. 특히 『겐지 이야기』에서 무라사키 부인이
나오는 부분은 너무 재미있어서 그다음이 어떻게 될지
읽고 싶은 마음이 굴뚝같았다. 하지만 그다음 부분을
구해달라는 말은 차마 못 꺼냈다. 설사 말을 꺼냈다고 해도
헤이안쿄 생활에 아직 적응도 안 된 그 상황에서 구해다
줄 사람은 없었을 것이다. 나 혼자 마음속으로만 '『겐지
이야기』 전체를 다 읽게 해주시길' 하고 빌고 또 빌었다.
부모님께서 우즈마사에 있는 절에 기도드리러 가셨을
때도 같이 따라가서 빌었다. 그리고 기도를 드렸으니
절에서 집으로 돌아오면 바로 볼 수 있겠지 하고 내심
기대도 했다. 하지만 그렇게 쉽게 구해지는 것이 아니었다.
마음대로 되지 않아서 속상해하고 있는데 친척 아주머니
한 분이 지방에 내려갔다가 헤이안쿄로 돌아오셨다는
소식이 들렸다. 그 아주머니 댁에 인사차 갔더니 '안 보는
사이에 어여쁜 숙녀가 되었네' 하며 반갑게 맞아주셨다.
그리고 집으로 돌아올 때 '선물을 하나 주고 싶은데 생활
용품은 그다지 좋아하지 않을 테고, 네가 가장 갖고 싶은
건 아마도 이것이겠지' 하며 『겐지 이야기』 오십여 권을
궤에 든 채로 싸주셨다. 거기에 『이세 모노가타리』 『도기미』
『세리카와』 『시라라』 『아사우즈』 같은 모노가타리들도 한
보따리 싸주셨다. 그 모노가타리들을 받아서 집으로 돌아올

때의 기분이란 마치 하늘을 날아갈 듯이 기쁘고 뿌듯했다. 그때까지는 『겐지 이야기』를 띄엄띄엄 읽었기 때문에 앞뒤 내용이 잘 이어지지 않았는데 처음부터 끝까지 차례차례 읽어 내려가니 이해가 쏙쏙 되는 것이 그렇게 행복할 수가 없었다. 그렇게 아무한테도 방해받지 않고 휘장 안에서 혼자 모노가타리를 읽는 기분이란 황후님조차 부럽지 않았다. 그때는 온종일 모노가타리만 손에 들고 있으면서 다른 것은 아무것도 하지 않았다. 그렇게 한동안을 모노가타리만 읽었더니 한 구절 한 구절이 저절로 외워져서 나도 모르게 입에서 술술 나왔다.

모노가타리는 일본 고유의 산문 양식으로, 현재의 문학 장르로 보면 소설에 해당합니다. 그러나 독자에게 말을 거는 형식이라는 점이 현대의 일반 소설과는 다르지요. 그런 점에서 모노가타리는 당시 여성들에게 있어 단순한 취미의 대상이 아니라 타인의 삶을 전해 들을 수 있는 몇 안 되는 통로 중 하나였습니다. 다카스에의 딸이 모노가타리를 그토록 갈망한 까닭 또한 외부와 단절된 삶에 탈출구가 필요했음과 동시에, 그 자신이 모노가타리의 주인공과 같은 낭만적인 삶을 갈망했기 때문이었습니다.

↪ 사라시나 일기, 60~62쪽.

수많은 모노가타리 중에서도 글쓴이가 유독 심취해 있었던 작품은 바로 54첩으로 이루어진 세계 최고(最古)의 장편소설 『겐지 이야기源氏物語』입니다. 여방과 덴노가 모두 애독했던, 명실공히 일본 고전을 대표하는 명작 『겐지 이야기』. 글쓴이가 그런 『겐지 이야기』 전권을 수중에 넣은 것은 기적과도 같은 일이었습니다. 그는 소설 속 수많은 인물 가운데서도 특히 '우키후네'와 '유가오'라는 여성처럼 되고 싶어 했는데요, 이들은 신분이 비교적 낮은 귀족에 속했으니 중류 귀족이었던 다카스에의 딸이 본인과 같은 계층의 두 인물에게 끌린 것은 어찌 보면 당연한 일이었다 할 수 있겠습니다. 다만 우키후네와 유가오는 한번에 두 남성의 구애를 받아 괴로워하다가 비극적인 결말을 맞는 여인들이었습니다. 어린 소녀가 안정적인 결혼보다 파란만장하고 극적인 사랑을 더 낭만적으로 여기는 것은 이상한 일이 아닙니다. 그러나 글쓴이는 후일 스스로의 생각을 되돌아보고 자신이 철이 없었다며 부끄러워합니다.

그저 자나 깨나 모노가타리에만 정신이 팔려서 지금은 예쁘지 않은 내 얼굴도 크면 예뻐지고 머리 또한 길게 자라서 히카루겐지 님이 사랑한 유가오나 우지 대장님이 사랑한 우키후네처럼 아름다운 여인이 될 것이라고 한껏 꿈에 부풀어 있었다. 이제 와서 돌이켜 생각해보면 그

얼마나 허망하고 어리석은 꿈을 꾸고 있었는지 나 스스로도 한심해진다.[^1]

그때는 정말이지 아버지가 좋은 벼슬에 오르면 나도 모노가타리에 나올 법한 멋진 사람을 만나게 될 것이라는 허황된 생각을 하며 하루하루를 보내고 있었다. 그러던 중에 아버지가 지방관에 임용되었는데 그게 하필이면 머나먼 동쪽 지방이었다. 혼기가 찬 나를 헤이안쿄에 두고 가겠다는 아버지의 말씀을 듣고 있자니 꽃이나 단풍 같은 것에 가슴 설레곤 하던 그 허황된 마음이 싹 가셨다. 내 신세가 너무 측은하고 한심스러웠지만 그렇다고 그때의 나로서는 어찌할 도리가 없었다.[^2]

 현실의 벽에 부딪힌 다카스에의 딸은 지금까지의 생활 태도를 반성합니다. 모노가타리에만 빠져서 남들 다 하는 근행도 안 하고 살아왔기 때문에 믿음직한 혼처조차 구하지 못하고 덩그러니 헤이안쿄에 남게 되었다고 생각한 것이지요. 이후 글쓴이는 33세에 39세의 상대를 만나 비로소 결혼하게 됩니다. 당시 통념으로 본다면 그의 혼인은

---

[^1]: 사라시나 일기, 62~63쪽.
[^2]: 사라시나 일기, 105~106쪽.

째 늦은 편이었으며, 남편에게는 이미 부인이 여러 명 있는 상태였습니다. 이에 다카스에의 딸은 자신이 마음속으로 바라거나 생각한 일은 무엇 하나 실현되는 것이 없다며 절망합니다. 그리고 결혼 후에는 마음가짐을 완전히 바꾸어 일기장 위에도 이전까지와는 완전히 상반되는 이야기를 펼쳐놓기 시작합니다.

결혼 생활은 새로 꾸린 가정이 안정되기까지는 시간이 걸린다는 점을 감안하더라도 지금까지 꿈꿔오던 것과는 너무도 판이하게 달랐다.

결혼하고 난 다음에는 이런저런 일들에 파묻혀 살다 보니 모노가타리 같은 것은 다 잊고 지냈다. 오로지 현실적인 생활에만 전념하려고 애쓰다 보니 점차 마음도 안정되어 갔다.

   이때부터 다카스에의 딸은 어린 시절 자신을 참배에 데리고 가주지 않았던 어머니를 원망하며 그동안 가지 못했던 참배 명소들을 본격적으로 순회합니다. 헤이안 여성들

→ 사라시나 일기, 138~139쪽.
→→ 사라시나 일기, 142쪽.

에게는 신사나 절에 참배하러 가거나 마쓰리(祭)가 있어 구경을 나가는 것이 주어진 외출 기회의 전부였습니다. 법회와 같은 종교 행사에 참석하는 것도, 꼭 신앙심 때문이라기보다는 세상을 접하고 여러 사람과 만나며 교류하고자 하는 목적이 더 컸습니다. 다카스에의 딸은 '가정생활이 원만하지 않을 때 절에 참배하러 가서 마음의 안정을 되찾고, 가끔 내친왕가에 출사해 동료들과 이런저런 얘기를 나누며 마음의 위안을 받곤 한다'고 『사라시나 일기』에서 밝히고 있습니다.

언프리티 일기 문학

헤이안 시대를 살았던 한 문학소녀의 성장기, 어떻게 읽으셨나요? 아무리 귀족 계급이었다 하더라도 고대 사회에 어린 소녀가 취미 삼아 읽을 만한 문학작품이 있었다는 것이 신기하지요. 10~11세기 일본 문학, 즉 헤이안 문학(平安文学)은 무라사키시키부(紫式部, 970-978~1014-1031)와 같은 여성 작가들의 활동에 힘입어 전 세계적으로도 매우 드물고 독자적인 성취를 이룬 것으로 유명합니다. 그런데 외출조차 자유롭지 못했을 정도로 여성을 억압하던 시대에 이토록 활발하게 문예 활동을 펼친 여성들이 존재했다니, 한편으로는 어딘가 아이러니하게 여겨지기도 합니다. 헤이안 시대의 여성들은 도대체 어떻게 고대 일본 사회에서 자신들만의 문학 세계를 펼칠 수 있었던 것일까요?

그 첫 번째 배경으로는 당시의 독특한 혼인 방식인 '가요이콘(通い婚)'이 있습니다. 헤이안 시대엔 여성들의 외부 노출이 금기시되었던 탓에 연애 및 결혼 생활 또한 남성이 여러 여성의 집을 방문하는 식으로 이루어졌습니다. 일종의 데릴사위제인 동시에 일부다처제였던 것이지요. 때문에 남성들은 성년이 되면 집을 구해 독립해야 했지만, 여성들은 기거하던 집을 온전히 물려받을 수 있었습니다. 헤이안 시대 여성들의 집필 활동엔 우선 이러한 경제적 배경이 존재합니다.

두 번째 이유는 일본의 문자인 가나(仮名)에서 찾을 수 있습니다. 가나는 헤이안 시대에 정립된 일본 고유의 문자로, 가나로 '일본식 시'인 와카(和歌)를 읊는 능력은 당시 귀족 여성들이 갖춰야 할 기본 소양 중 하나였습니다. 한자에 비해 간단하여 누구나 쉽게 읽고 쓸 수 있는 문자가 있었기에, 헤이안 시대에는 모노가타리나 일기 집필과 같은 각종 문예 활동이 융성할 수 있었습니다.

물론 몇 가지 이점이 있었을 뿐, 헤이안 여성들의 문예 활동이 완전히 자유로웠던 것은 아닙니다. 당시엔 여성의 활동 영역을 정의할 특권이 남성의 손에 있었습니다. 한

문이나 당나라 필법의 수묵화 분야로는 여성이 발을 들이지 못하게 제한하다가, '여성 문자(온나데, 女手: 가나를 가리킴)'나 '여성 그림(온나에, 女絵: 풍속화를 가리킴)'과 같은 주변적 영역에서 여성의 성과가 두드러지면 다시 이 분야들에 여성의 활동 영역을 한정하는 식이었지요. 문예 활동 또한 예외는 아니었습니다. 헤이안 사회의 여성들은 당대의 공적 문자였던 한문을 익힐 수 없었습니다. 당시에는 여성의 사회 참여를 남성들의 특권적인 영역을 침범하는 일로 여겼기에 귀족 여성조차도 정치에 참여할 수가 없었습니다. 여성들에게 정치적 영향력이 생길 것을 우려한 남성 사회는 결국 여성들이 한문에 접근할 수 있는 기회를 아예 차단했습니다.

그렇다면 공적인 영역에서 추방당한 여성들은 어디에서 문예 활동을 했을까요? 10세기 중반에 쓰인 『도사일기土佐日記』는 헤이안 시대의 대표적 여성 장르인 '일기 문학'을 견인한 것으로 알려져 있습니다. 이 작품은 도사 지방의 수령이었던 기노 쓰라유키(紀貫之)가 임기를 마치고 귀경하면서 여성 화자를 가장하여 가나로 작성한 기행문입니다. 이후 모노가타리나 일기 문학과 같이 사적인 감정을 서술하는 문학작품은 여성 화자에 의해 가나로 작성하는 것이 일종의 법칙으로 자리 잡았습니다. 저명한 정치학자 진 베스키 엘시테인(Jean Bethke Elshtain, 1941~2013)이 이야기하였듯 "진정한 공적·정치적 발언은 자유로운 남성 시민의 전유물"이었던 한편, 여성 문학은 완전히 사적인 영역으로 격리되었던 것입니다.

이러한 연유로 헤이안 시대 여성 일기 문학들은 개인의 사적인 삶을 조명하는 경우가 많습니다. 대표적으로 『사라시나 일기』를 쓴 저자의 큰이모 '미치쓰나의 어머니(藤原道綱母, 936경~995)'가 집필한 『청령일기蜻蛉日記』가 있는데요, 작중에서 글쓴이는 자신의 결혼 생활에 관하여 이야기합니다. 먼저 서문에서 글쓴이는 "더할 나위 없이 높은 신분의 사람과 결혼하면 그 생활이 어떨지 미리 알고 싶어 하는 사람이 있을 것 같아서"라고 직접 집필 동기를 밝히고 있습니다. 그러면서 모노가타리에는 현실과 동떨어진 허구적인 면이 많으니 자신은 실제 경험을 바탕으로 보다 현실적인 글을 남기겠다고 선언하지요.

대체로 남성 작가들에 의해 집필되었던 당시의 모노가

→ "Truly public, political speech was the exclusive preserve of free, male citizens. Neither women nor slaves were public beings. Their tongues were silent on the public issues of the day. Their speech was severed from the name of action: it filled the air, echoed for a time, and faded from official memory with none to record it or to embody it in public forms." Jean Bethke Elshtain, "Introduction. Public and Private Imperatives," in *Public Man, Private Woman* (Princeton University Press, 2021), 1-16.
→→ 미치쓰나의 어머니, 『청령일기』, 정순분 옮김, 지식을만드는지식, 2018, 4쪽.

타리들은 하나같이 여자가 멋있는 남자를 만나 결혼하여 행복해진다는 줄거리를 취하고 있었습니다. 그것을 읽고 자란 미치쓰나의 어머니 역시 결혼에 대해 환상을 가지고 있었고요. 그러나 당대 최고의 권력자인 후지와라노 가네이에(藤原兼家)와 결혼한 그는, 모노가타리 속의 결혼 생활과 실제 결혼 생활이 전혀 다르다는 것을 깨닫게 됩니다. 문학작품 속에 묘사되는 여성의 삶이 실제 여성인 자신의 삶과 크게 다르다는 인식, 특히 행복하게만 그려지던 결혼 생활이 사실은 여성을 불행하게 한다는 깨달음이 글쓴이로 하여금 『청령일기』를 집필하도록 한 것입니다.

수필 vs 소설, 잘 봐 언니들의 싸움을

그런가 하면 결혼 생활로 수렴되지 않는, 있는 그대로의 여성의 삶을 남긴 작품도 있습니다. 사실 결혼 생활이나 '사랑'의 낭만화는 비단 모노가타리뿐 아니라 헤이안 문화 전반에 나타나는 경향성이었습니다. 당시 '사랑'은 일상적이고 생활에 밀접하기보다는 멋과 낭만만이 강조된 특별하고 비일상적인 개념이었거든요. 예를 들어 연인끼리 만났을 때는 함께 음식을 배불리 먹거나 숙면을 취해선 안 되었습니다. 그것은 생존을 위한 동물적인 행동이기에 천박하고 교양 없다 인식되었기 때문입니다. 이처럼 생활과 낭만은 완전히 분리되어, 생활 감정이 낭만적인 일에 개입되는 것은 지극히 몰풍류적이라 여겨졌습니다. 문학작품에서도 음식을 먹는 이야기나 잠을 자는 이야기, 화장실 가는 이야기 등은 문장으로 표현되는 일이 없었고요.

이때 이러한 이야기를 숨김없이 모조리 기록한 작품이 있으니, 바로 삼백여 개의 단편으로 이루어진 수필집 『베갯머리 서책枕草子』입니다. 베개처럼 개인적이고도 내밀한 글을 모아놓았기에 '베갯머리 서책'이라 이름 지어진 이 작품은 당시 남성들이 작성하던 공적인 기록과는 달리, 글쓴이 세이쇼나곤(清少納言, 966~1025)의 사적인 이야기를 담고 있습니다. 이는 곧 수필이라는 전에 없던 새로운 장르의 개척으로 이어졌습니다. 서양에서는 흔히 16세기 작품인 몽테뉴(Michel Eyquem de Montaigne)의 『수상록 Essais』을 수필의 시작으로 보지만, 동양에는 이미 11세기 초에 『베갯머리 서책』이 있었던 것입니다.

대체 세이쇼나곤은 어떻게 고대 일본 세계에서 새로운 문학 장르를 창조해낼 수 있었을까요? 그 배경에는 헤이안 귀족 여성들에게 제공되었던 '여방(女房)'이라는 특수한 공적 경험 기회가 자리합니다. 헤이안 시대의 여성들은 자신의 이름조차 갖지 못했습니다. 호칭이 반드시 필요한 상황에선 아버지나 남자 형제의 직책을 따와서 불렀습니다. 여성의 삶은 남성과의 관계 안에서만 사회적 의미를 지닐 수 있었던 것입니다. 이토록 철저히 남성 중심적인 사회에서 여성들에게 허락된 유일한 사회활동은 궁에 취직하여 일하는 것뿐이었습니다.

이 여성 궁인들을 가리키는 명칭이 바로 '여방'이었습니다. 당시 귀족들은 모두 자기 딸을 왕인 덴노(天皇)와 혼인시키고 싶어 했습니다. 그것이 성공하여 덴노의 부인이 된 여성들은 자신의 궁을 최대한 매력적인 곳으로 꾸며 덴노의 총애를 받고자 노력했고요. 이때 문예와 풍류에서 오는 매력을 궁에 더해주는 존재들이 여방이었습니다. 여방들은 자신이 모시는 왕비 또는 후궁에게 예절과 교양을 가르치거나 덴노나 귀족들을 잘 접대함으로써 주인의 평판이 좋아지도록 힘썼습니다. 그래서 딸을 입궁시키려는 귀족들은 앞다투어 재능과 학식이 뛰어난 중류 계급 여성들을 여방으로 섭외하곤 했습니다.

세이쇼나곤이 살던 때의 덴노는 이치조(一条天皇, 980~1011)였습니다. 그의 중궁인 데이시(藤原定子, 976~1001) 역시 여방들을 발탁하여 자신의 궁을 가꾸고자 했는데요, 이미 어렸을 때부터 와카와 한시를 익혀 훌륭한 문학 소양을 갖추고 있던 세이쇼나곤이 데이시를 모시게 된 것은 어찌 보면 당연한 일이었습니다. 그리고 세이쇼나곤은 데이시 중궁의 여방들 중에서도 가장 사랑받고 널리 알려진 인물이 되었지요.

　세이쇼나곤은 은혜에 보답하기 위해 데이시 중궁의 모습을 글로 담아 후대에 남기고자 했습니다. 당시 헤이안 사람들은 훌륭한 인물의 행적을 남길 때 주로 와카집, 즉 개인 시집을 편찬하거나 일대기를 작성했습니다. 그런데 세이쇼나곤은 이 두 가지 형식에 구애받지 않고 자신이 데이시 중궁에서 겪은 일 가운데 인상적이고 흥미로웠던 경험을 자유롭게 풀어 나갔습니다. 그것도 일본 역사에서 가장 격식과 형식을 중요시하던 헤이안 시대에 말이에요.

　동시대 작품인 『겐지 이야기』와 비교해보면 『베갯머리 서책』이 얼마나 개성 있는 작품이었는지 쉽게 알 수 있습니다. 『베갯머리 서책』은 고대 일본문학 최고의 걸작이자 세계 최초의 소설로도 평가받는 『겐지 이야기』와 같은 시대에 쓰이고도 판이하게 다른 스타일을 지녔습니다. 『겐지 이야기』가 장대한 구상에 따라 중후하고 심오한 세계를 그리는 데 비하여 『베갯머리 서책』은 군더더기 없이 간결하고 깔끔한 문장으로 경쾌한 일화들을 풀어 나갑니다. 『겐지 이야기』는 장편소설이 될 조건을, 『베갯머리 서책』은 수필이 될 조건을 타고났던 것입니다.

　『겐지 이야기』의 작가 무라사키시키부는 두 작품의 이러한 차이를 누구보다 잘 알고 있었습니다. 무라사키시키부의 글은 전통적인 방식으로 만들어진 최고의 문장이라

평가받았지만, 문체가 독창적이라고 할 수는 없었습니다. 하지만 세이쇼나곤의 문체는 새롭고 독창적이었지요. 헤이안 시대의 가장 뛰어난 문학가 중 한 명이었던 무라사키시키부는 이미 그 사실을 간파하고 있었습니다. 그는 독특한 개성으로 헤이안 사람들의 사랑을 받던 세이쇼나곤을 자신의 일기에서 "어떻게든 남보다 더 뛰어나 보이려고 애쓰고 과장해서 행동하는 사람"이라 평가하며 "외롭고 무료할 때도 무슨 큰 감동이나 받은 것처럼 과장해서 행동하고 흥취 있는 것 하나라도 놓치지 않으려고 부산을 떨"고 있다고 폄훼합니다.

   사실 이와 같은 신랄한 비난은 이치조 덴노의 두 부인, 후지와라노 데이시와 후지와라노 쇼시(藤原彰子, 988~1074) 간의 갈등을 반영하는 것이기도 합니다. 세이쇼나곤과 무라사키시키부가 활발히 활동하던 무렵, 헤이안은 격동의 시기를 맞고 있었습니다. 데이시 중궁의 아버지 후지와라노 미치타카(藤原道隆)가 실각하고, 새로운 권력자 후지와라노 미치나가(藤原道長)의 딸 쇼시가 입궁한 것이지요. 이후 쇼시 중궁의 여방들은 데이시가 세상을 떠나고 십 년이 지나서까지도 데이시 중궁의 여방들과 비교당해야 했습

↳ 무라사키시키부 일기, 201쪽.
↳↳ 무라사키시키부 일기, 202쪽.

니다. 쇼시 중궁의 분위기가 차분하고 소극적이었던 반면, 데이시 중궁의 분위기는 밝고 화기애애했기 때문입니다. 그러한 데이시 중궁의 분위기는 당대 귀족들의 기록뿐 아니라 『베갯머리 서책』을 통해서도 그대로 전해지고 있습니다.

당시 한자와 한시를 아는 것은 남성만의 특권이었습니다. 여성이 한시를 읽는 것은 주제넘고 건방진 일이라며 비난하는 분위기까지 있었을 정도로 말입니다. 『무라사키 시키부 일기紫式部日記』에도 글쓴이가 죽은 남편의 한문책이 그저 방치되는 것이 아까워 꺼내 보려 하자 하인들이 몰려들어 "아씨는 항상 이런 식으로 사시니까 복이 달아나지요. 세상 어느 여인네가 한문책을 읽겠습니까? 옛날에는 여자가 불경 읽는 것조차 주위에서 말렸어요"라며 힐책하는 장면이 등장합니다. 그러나 데이시 중궁에서는 문예 발전에 힘쓰던 데이시의 비호 아래 한시를 이용한 지적 교류가 활발히 오가고 있었습니다. 이는 데이시 중궁이 쇼시 중궁에 비해 사교적이고 발랄한 분위기였던 이유일 뿐 아니라, 세이쇼나곤이 자신의 능력을 있는 그대로 드러낼 수 있었던 배경이기도 합니다. 수많은 총명한 여방 가운데서도 한시를 자유자재로 구사하던 세이쇼나곤을 데이

→ 무라사키시키부 일기, 207쪽.

시는 특히 더 귀히 여기고 아껴주었습니다. 데이시의 든든한 후원 덕분에 세이쇼나곤의 문학적 활약은 계속되었고, 데이시 중궁의 명성 또한 날로 높아져갈 수 있었습니다.

데이시는 『베갯머리 서책』뿐 아니라 동시대 다른 문헌에도 매우 뛰어난 여성으로 기록되어 있습니다. 최고 권력자의 집안에서 태어나 최고의 교육을 받았고, 재치와 총명, 높은 학식에 너그러운 성품까지 고루 갖춘, 완벽한 인물로 묘사되지요. 세이쇼나곤에게 그런 데이시는 흠모와 동경의 대상이었고, 데이시에게 세이쇼나곤은 마음이 잘 통하는 상대이자 자신의 자랑스러운 여방이었습니다. 이처럼 이상적인 주군과 그에 화답하는 신하의 모습은 『베갯머리 서책』의 이야기를 관통하는 중심축으로 작용합니다.

비록 여방과 주군이라는 상하 관계로 만났지만, 세이쇼나곤과 데이시 사이에는 그 이상의 신뢰와 애정이 있었습니다. 이는 둘의 첫 만남에 대한 세이쇼나곤의 회고에서 잘 드러나는데요, 긴장하여 걸핏하면 눈물을 흘리던 신입 여방 세이쇼나곤에게 데이시는 그림을 보여주며 먼저 이런저런 말을 걸어줍니다. 그러나 세이쇼나곤은 긴 소맷자락 밑으로 드러난 데이시의 희고 고운 손가락에 시선을 빼앗기고 맙니다. 세상 물정 하나 모르고 살던 자신이 그토록 아름다운 분을 만났다는 사실에 그저 놀라면서 말입니다. 마치 그림 속 공주님이 현실로 튀어나온 것처럼 아름다우셨다고, 훗날 세이쇼나곤은 회상하지요. 하지만 동시에 날이 밝아 자기 얼굴이 중궁님께 드러날까 부끄러워하기도 합니다. 데이시는 그런 세이쇼나곤을 귀엽다는 듯 놀리면서도, 여방들이 둘 사이를 가리고 있는 격자문을 올리려고 하자 "아니 되네" 하며 막아줍니다.→

후일 "나를 믿고 따라줄 텐가?"라고 묻는 데이시에게 세이쇼나곤이 "여부가 있겠습니까?"라고 답한 것은 당연한 일이었는지도 모릅니다.→→ 세이쇼나곤은 데이시가 가장 아끼는 여방이었습니다. "내가 자네를 제일로 사랑하지 않는다면 어떻게 하겠는가?" 하는 데이시의 물음에 세이쇼나곤은 종종 "첫째로 사랑받지 못한다면 차라리 미움받는 편이 나을 것이오. 둘째나 셋째가 되느니 오히려 죽는 편이 낫지요. 이 몸은 오로지 첫째가 되고 싶을 뿐입니다" 하고 답합니다. 그러나 어느 날 다시 비슷한 질문을 받았을 때 세이쇼나곤이 상반되는 답변을 하자, 데이시 중궁은 "그것 참 볼품없는 대답이네" 하며 첫째가 되고자 해야, 즉 자신에게 첫째로 사랑받으려고 해야 하지 않겠냐며 나무랍니다. 세이쇼나곤은 데이시의 이 말을 두고두고 되새깁니다.→→→

→ 베갯머리 서책, 515쪽.
→→ 베갯머리 서책, 520쪽.
→→→ 베갯머리 서책, 317~318쪽.

그로부터 이 년 후, 당대의 권력가였던 데이시의 아버지 미치타카가 사망하고, 데이시의 삼촌인 미치나가에게 그 자리가 넘어가면서 세이쇼나곤과 데이시의 운명에는 먹구름이 드리우기 시작합니다. 그러나 두 사람의 애틋한 관계에는 변함이 없었습니다. 어수선해진 분위기에 집으로 내려가 있던 세이쇼나곤에게 어느 날 귀하디귀한 흰 종이 한 다발이 도착합니다. 데이시가 보낸 것이었지요. "덴노는 이것으로 『사기史記』를 작성했는데 우리는 무엇을 쓰면 좋겠는가?"라는 물음과 함께 말입니다. 세이쇼나곤은 "그렇다면 마쿠라(枕, 베개)를 쓰는 게 옳은 줄 압니다"라고 장난스럽게 답하며, 그 종이 위에 데이시와 함께했던 추억을 적어 보냅니다. 힘든 나날을 보내던 데이시에게 기쁨과 힘을 주었던 이 글은 훗날 세계 최초의 수필인 『베갯머리 서책』의 초고가 됩니다.

→ 베갯머리 서책, 767쪽.
공적인 것이 아닌 사적인 이야기를 적자는 의미입니다.

고참 여방들의 슬기로운 문예 생활

비록 짧은 기간이었지만 데이시를 만난 후 세이쇼나곤은 새로운 사람이 됩니다. 데이시와의 관계를 통해 다시 태어난 세이쇼나곤은 더 이상 긴장감에 눈물을 흘리는 신입 여방이 아니었습니다. 『베갯머리 서책』에서 그는 "앞날에 아무런 희망도 없이 오로지 남편만을 바라보며 가정을 지키는 것을 행복으로 꿈꾸는 사람은, 적어도 내가 보기에는 한심하기 짝이 없다"고 말합니다. "웬만한 신분의 딸이라면 역시 여방으로 입궐하여 이 세상이 얼마나 넓은지 봐야" 하고 "되도록이면 가장 높은 자리까지 오르도록 노력해야 한다"고 주장하며 직업에 대한 야망을 드러내지요. 세이쇼나곤은 사회생활을 하며 자신이 맡은 일에서 활약을 펼치고, 윗사람의 인정을 받아 자아를 실현하고자 했습니다. 그가 『베갯머리 서책』에서 꼽은 가장 기쁜 일이 "중궁전에 여방들이 여럿 대령했는데 내가 조금 떨어진 곳에 앉은 것을 보시고 중궁께서 '이쪽으로 오게나' 하시어, 다른 여방들이 길을 열어주어 가까운 곳으로 대령"했던 일화라는 점은 그의 성취욕을 잘 보여줍니다.

→ 베갯머리 서책, 73쪽.
→→ 베갯머리 서책, 664쪽.

앞서 말했듯 여방은 헤이안 시대에 여성이 가질 수 있는 유일한 관직이었는데요, 주인을 모시는 것 외에 여방이 맡았던 업무는 크게 두 가지입니다. 첫째는 궁중 연회의 '꽃'이 되는 것입니다. 아름답게 치장함으로써 자리를 빛내고 연회를 돋보이게 하는 '인간 장식품'과도 같은 역할을 수행해야 했던 것이지요. 둘째로, 궁을 방문하는 남성 귀족들을 응대해야 했습니다. 당시 귀족들은 특별한 용무가 없더라도 담소를 나누기 위해 궁을 자주 찾았습니다. 불시에 방문한 손님을 맞이하고 대접하는 중에 여방들이 얼마나 재치 있는 응수로 손님을 기쁘게 하는가가 그 궁의 평판을 좌우했지요. 그로 인해 여방이라는 직업은 이중적인 이미지를 지니게 되었습니다. 하나는 남성들 사이에 끼어 궁을 빛내는 화려한 이미지고, 또 하나는 그렇기 때문에 세파에 닳고 닳은 여자라는 부정적인 이미지였습니다. 여방들은 정치적으로 매우 중요한 존재였음에도 불구하고 몸가짐이 단정치 못하고 부끄러움을 모른다는 부당한 비난을 받아야만 했던 것입니다.

이러했던 세간의 인식을 고려해보면 삼십여 년간 집 안에서만 살아온 무라사키시키부의 직업에 대한 태도가 세이쇼나곤과 몹시 달랐던 것도 무리는 아닙니다. 무라사키시키부는 사회 진출 욕구가 세이쇼나곤만큼 크지는 않았던 것으로 보입니다. 그가 여방이 된 과정은 홀로 딸을 데리고 있는 처지에, 장래에 대한 불안 때문에 어쩔 수 없이 당대의 권력자였던 미치나가의 요청을 받아들인 것에 가까웠거든요. 게다가 무라사키시키부는 입궁 전부터 이미 『겐지 이야기』의 작가로 유명했습니다. 여방을 채용할 때 문학적 재능을 특별히 중요시하지 않았던 쇼시 중궁에서조차 우대받았을 정도니 말입니다. 하지만 무라사키시키부는 부끄러움 많고 내성적인 성격이었기에 특별 대우를 상당히 부담스러워했습니다. 게다가 기존 여방들 사이에도 특별 대우에 대한 반발심이 있었지요. 무라사키시키부의 첫 출근날 쇼시 중궁의 여방들 중 누구도 이 '유명 신입'에게 말을 걸어주지 않았고, 무라사키시키부는 그 길로 도망치듯 귀가하여 오 개월 동안이나 출근하지 않았습니다.

마찬가지로 덴노에게 『겐지 이야기』를 칭찬받았을 때에도 무라사키시키부는 여자가 한문을 아는 것을 못마땅하게 여기는 사람들의 이목을 내심 두려워합니다. 그래서 소싯적에 아버지가 동생에게 한문을 가르쳐줄 때 어깨너머로 잠시 배웠을 뿐 결코 자신이 나서서 공부한 것은 아니라고 변명했지요. 심지어 세이쇼나곤이 남성 귀족들과의 대화에서 한시를 활용하던 것을 들어 '가볍고 제대로 된 것이 아니라며' 깎아내리기까지 합니다. 자신의 한문 지식을 숨기려 애쓴 무라사키시키부의 입장에선 자신의 학식을 자랑스럽게 펼쳐 보이는 세이쇼나곤이 이해되지 않았을지도 모르겠습니다.

　이토록 다른 두 사람답게, 무라사키시키부와 쇼시의 관계 또한 세이쇼나곤과 데이시의 관계와는 많이 달랐습니다. 쇼시는 무라사키시키부가 모시던 주인이자 『무라사키시키부 일기』의 중심 인물입니다. 쇼시가 혼인할 당시 궁에는 이미 그의 사촌 언니인 데이시가 있었습니다. 쇼시는 가문을 위해 사촌 언니를 누르고 왕자를 낳아야 한다는 중압감에 시달렸지요. 그리고 구 년 만에 드디어 아이를 가졌지만, 불안감은 오히려 커졌습니다. 당시에 출산은 지금보다도 훨씬 더 위험한 일이었기 때문입니다. 일기 속에서 무라사키시키부는 그러한 상황에서도 평정심을 잃지 않는 쇼시를 안쓰러워하면서도 동시에 존경 어린 시선으로 바라보고 있습니다.

　당시 쇼시의 뒤에는 미치타카 사후 권세 가도를 달리던 아버지 미치나가가 있었습니다. 그 시절 잔치의 규모와 성대함은 그 집안의 번영과 비례했습니다. 가령 데이시가 출산했을 때엔 미치타카가 죽어 집안이 이미 몰락한 후였기에 모두가 경사를 외면하며 잔치에도 모습을 드러내지 않았지만, 쇼시가 출산한 직후엔 왕자 탄생을 기념한 호화로운 축하 잔치가 며칠 동안 계속되었고 많은 귀족이 화려한 의상을 입고 궁에 드나들었지요.

　그러나 이날 무라사키시키부가 주목한 것은 축하 잔치

의 사치스러운 광경이 아니라 출산한 지 겨우 일주일되어 지친 몸으로 침소에 힘없이 누워 있는 쇼시의 모습이었습니다. 왕족으로서의 위엄은 찾아볼 수 없고 그저 출산이라는 엄청난 육체 노동을 끝낸 한 사람의 산모일 뿐인 쇼시. 무라사키시키부는 그런 쇼시를 몹시도 애처롭고 따뜻한 시선으로 바라봅니다. 『베갯머리 서책』에서 세이쇼나곤이 데이시를 우상처럼 받들며 공경과 찬미의 대상으로 여긴 것과는 판이하게 다른 태도이지요. 무라사키시키부는 마찬가지로 오랜 세월을 고통 속에서 지내본 사람으로서 쇼시에게 공감하고 있었던 것입니다.

그런데 이렇게 보면 『무라사키시키부 일기』는 조금 애매한 작품입니다. 『베갯머리 서책』처럼 철저하게 여방의 입장에서 작성된 것도 아니고, 그렇다고 『청령일기』처럼 완전히 개인의 입장에서 작성된 것도 아니거든요. 무라사키시키부의 일기에는 글쓴이의 공적인 자아와 사적인 자아가 뒤섞여 있어, 현대의 독자들을 혼란스럽고 난처하게 만드는 면이 있습니다. 그중에서도 갑자기 문체가 바뀌는 '서간문체' 부분은 헤이안 문학 가운데서도 난해하기로 손에 꼽힙니다. 이전까지는 기본적으로 시간의 흐름에 따라 일어나는 사건을 기록하는 식이었는데, 도중에 문체가 편지 형식이 되어 마치 누군가에게 이야기를 전달하는 것처럼 급변하기 때문입니다. 이때 '이야기'란 동료 여방에 대한 소개, 다른 여방들에 대한 불만, 쇼시에 대한 이야기, 그리고 가장 유명한 세이쇼나곤, 아카조메에몬(赤染衛門, 956~1041), 이즈미시키부(和泉式部, 978~미상)에 대한 비평을 가리킵니다.

이 중 이즈미시키부는 헤이안 여성 문인 가운데 가장 많은 와카를 덴노의 와카 모음집에 수록시킨 인물로, 일찍이 그 장래성이 돋보였기에 쇼시 중궁의 여방으로 발탁되었습니다. 다시 말해 『무라사키시키부 일기』를 쓰던 당시의 글쓴이에게 이즈미시키부는 '직장 동료'였던 것이지요. 무라사키시키부는 그런 그를 "실로 정취 있게 편지를 주고받은 사람인 것 같습니다. 이쪽이 주눅 들 만큼 대단한 가인이라고 하는 것은 다름 아닌 그런 사람을 가리킵니다"라고 칭찬하면서도 '가볍고 천박한 면이 있어서 품격이 부족하'고 '그가 하는 것은 본격적인 와카가 아니'라며 깎아내립니다.

이는 이즈미시키부에게 염문이 무성했다는 점과도 관련 있습니다. 이즈미시키부와 아쓰미치 왕자의 연애사는 당시 헤이안 귀족이라면 누구나 다 아는 일대 화제였습니다. 그도 그럴 것이 당시의 교토(京都), 즉 헤이안쿄(平安京)

→ 무라사키시키부 일기, 200~201쪽.
→→ 무라사키시키부 일기, 203쪽.

는 그 시대 상류층 대부분이 모여 살던 수도로, 서로가 서로의 소문에 민감할 수밖에 없었습니다. 당연히 무라사키시키부 또한 이즈미시키부에 대한 소문을 익히 들어 알고 있었습니다. 그러나 『이즈미시키부 일기和泉式部日記』를 통해 그 대부분이 사실이 아니었음을 확인한 현대의 우리와는 달리, 무라사키시키부는 소문을 전부 그대로 믿어버린 듯합니다.

11세기 초에 쓰인 『이즈미시키부 일기』는 글쓴이가 스물일곱에 세상을 떠난 연인 아쓰미치 왕자를 그리워하며 그와 함께한 추억을 글로 옮긴 것입니다. 일기는 이전의 연인이었던 다메타카 왕자의 죽음으로 인해 글쓴이가 지난날들을 회상하게 되면서 시작합니다. 이어서 새로운 연인인 아쓰미치 왕자의 집으로 들어가기까지 수개월에 걸친 연애 과정을 낱낱이 묘사하지요. 아쓰미치 왕자와 이즈미시키부의 사랑은 이 년 후 아쓰미치 왕자의 죽음으로 끝이 나고 맙니다.

무라사키시키부는 한 일기에 벌써 두 왕자와의 사랑 이야기를 담아낸 이즈미시키부에게 박한 평가를 내린 반면, 현모양처에 가까웠던 아카조메에몬에겐 후한 점수를 줍니다. 그런데 아카조메에몬에 대한 비평은 앞선 두 비평에 비해 어딘가 구체적이지 못한 면이 있습니다. '시도 때도 없이 와카를 읊어대는 경솔함이 없다'는 평은, 이즈미시키부를 암시할 뿐 아니라 와카보다도 인물의 평판을 비교·대조하는 것에 가까워 보이거든요.[1] 이러한 석연치 못한 비평은 무라사키시키부가 일기를 집필하던 도중에 문체를 바꾼 이유와도 깊은 연관이 있습니다.

사실 헤이안 시대의 일기문학은 diary(일상적 일기)나 auto-graphy(자전적 일기)가 아닌 memoir, 즉 회상록에 가깝습니다. 날것의 사실이기보다는 글쓴이의 가공이 가미된 기록이라는 의미지요. 당연히 여성들의 자발적인 선택에 의해 가공된 것은 아닙니다. 여성에겐 이름조차 허용되지 않던 시절에 글쓰기란 여성이 자신만의 감상과 주관을 가져보는 모험이자 매우 도전적인 행위였습니다. 그랬기에 그 여정 동안 안전하기 위해서는 일종의 보호 장치가 필요했습니다. 심지어 개인의 일기에서라 해도요. 그래서 무라사키시키부는 작품에 대한 비평을 인물에 대한 비판으로 우회했고, 문체까지 바꿔 직전의 화자와는 또 다른 자아를 지닌 화자를 등장시킴으로써 비판의 농도를 낮췄습니다. 이는 비단 무라사키시키부에게만 해당하는 이야기가 아닙니다. 이즈미시키부 역시 『이즈미시키부 일기』에서 자신을 '나'로 칭하지 않고 '여자'라는 대명사로 삼인칭화하여 일기에 소설적 요소를 부여했습니다. 일기 속의

---

[1] 무라사키시키부 일기, 201쪽.

자신을 소설 속 여주인공으로 만들어버림으로써 글 속의 화자와 글쓴이 자신 사이에 거리감을 만들어낸 것입니다.

또한 『청령일기』에서도 드러나듯, 당시의 일기는 타인에게 공개되는 것을 전제하고 있었습니다. 끝까지 비공개로 남으리라 믿었다면 글쓴이가 서문에서 굳이 집필 목적을 밝히거나, 주제와 관련된 사건이 일어난 날에만 그 사건을 고발하는 방식으로 일기를 쓰지는 않았을 테니까요. 결국 헤이안 여성들은 일기를 통해 단순히 일어난 사실만을 전달하기보다는 그 사실을 해부하고 진실로 다듬어 후대에 전하고자 했던 것입니다. 이 같은 헤이안 일기 문학의 성격은 이후 일본의 산문문학 전반에 '인생에 대한 내면적 파악'이라는 거대한 주제의식을 유산으로 물려줍니다.

폐하, 그 강을 건너지 마세요

『무라사키시키부 일기』에 기록된 쇼시의 누워 있는 모습, 데이시와 세이쇼나곤의 사이좋은 일화 등 가까운 사람이 아니고서는 절대로 볼 수 없는 지극히 사적인 귀족의 일면들은 헤이안 시기의 다른 작품에서는 결코 찾아볼 수 없는 여성 일기 문학 고유의 것입니다. 여방이라는 입장을 충분히 활용한 저자들의 손끝에서 많은 헤이안 일기 문학이

'귀인의 사생활 밀착 르포'로서 탄생하였지요.

12세기 초에 집필된 『사누키노스케 일기讃岐典侍日記』는 『청령일기』 글쓴이의 고손이자 호리카와 덴노(堀河天皇, 1079~1107)의 여방인 후지와라노 나가코(藤原長子, 1079~미상)가 호리카와 덴노의 발병부터 병의 악화, 사망에 이르기까지의 과정을 담은 작품입니다. 덴노의 고통과 번민, 주위 사람들의 우려, 임종 후의 비탄 등을 세밀하게 적어 낸 회상록이지요. 바로 옆에서 보좌하지 않고서는 알 수 없는 것들을 모두 기록했다는 점에서 '사생활 밀착 르포'라는 여성 일기 문학의 역사적 가치를 여과 없이 보여주는 작품이라고도 할 수 있습니다.

앞서 보았듯 헤이안 시대의 여성 작가들은 자신과 관련 있는 귀인을 이야기 소재로 삼는 경우가 많았습니다. 본인이 모시는 주군에 대해서 일기를 쓰는 것 자체는 그다지 특이한 일이 아니었다는 것이지요. 그러나 한 가지 예외가 있었으니, 소위 '황족'의 경우 헤이안 문학 전반에 걸쳐 전체적으로 언급이 모호하며 등장 자체도 그다지 많지 않습니다. 고대 일본에서 덴노는 신의 자손으로, 현실적인 존재가 아닌 막연한 경외의 대상이었기 때문입니다. 따라서 구체적으로 언급하기를 피하고 일부러 애매하게 표현하거나 상징화하는 것이 보통이었고, 자연스레 문학작품 속에서도 황족들은 우리와 어깨를 맞대고 사는 인간이기보다는 그저 추상적이고 신비로운 존재로만 묘사되었습니다. 그런 면에서 작중에 덴노가 직접 등장할 뿐 아니라 그의 '죽음'을 주요 이야기 소재로 삼는 『사누키노스케 일기』는 헤이안 일기 문학 가운데서도 독보적인 사례로 꼽힙니다.

'죽음'은 살아 있는 존재라면 반드시 맞이하는 결말입니다. 하지만 신성을 강조하는 존재에게는 사실 일어나선 안 되는 사건 중 하나이지요. 그러므로 덴노의 죽음은 남성 관료들의 한문 일기에서나 역사의 한 장면으로서 기록될 뿐, 문학작품에서 화자에 의해 크게 언급되거나 정면으로 다뤄지지 않았습니다. 『사누키노스케 일기』가 다루고 있는 호리카와 덴노의 발병과 뒤이은 사망 또한 마찬가지입니다. 호리카와 덴노가 사망한 6월 20일, 남성 관료의 한문 일기인 『중우기中右記』는 "이날 밤부터 주상은 심하게 풍기가 있으셨다. 그러나 할 법한 일들은 행해지지 않았다"라고 짧게 기록하고 있습니다. 덴노의 병세를 중태라고 판정하는 것은 황위 교체와도 연결되는 중대한 일이었기 때문에 성급히 판단하지 않으려 한 것입니다.

그러나 『사누키노스케 일기』는 덴노를 머리맡에서 간병하고 보살피는 여방의 입장에서 서술되어 일본 문학사상 유일하게 덴노의 승하를 한 인간의 죽음으로 묘사한 작품

→ 사누키노스케 일기, 231쪽.

입니다. 앞서 언급한 『중우기』나 『전력殿曆』과 같은 한문 일기가 남성 관료의 사무적인 시선을 반영하여 임시 사면이나 관헌 점술 등과 같은 관료적 대응만을 기록에 남겼다면, 『사누키노스케 일기』는 위급한 상황에 당황하는 주변 모습, 간병인이 부족한 것에 대한 안타까움, 가지기도(加持祈禱)의 요란한 소리, 병환에 대한 덴노 자신의 판단 등을 생생하게 그려내고 있습니다. 나가코는 여방으로서 병상에서 덴노와 함께 사투를 벌인 인간적인 경험을 솔직하게 기록했던 것입니다.

그런데 이때 나타난 현실적이고 세세한 표현과 글쓴이 개인의 감정을 표출하는 서술 방식의 기원을 단순히 공무상의 사명감이나 덴노에 대한 존경심에서 찾기에는 무리가 있습니다. 더욱이 작중에서 글쓴이는 호리카와 덴노를 주군으로서만 그리는 것이 아니라 모노가타리 속의 남자 주인공을 그리듯 묘사하고 있습니다. 글쓴이가 덴노를 아무리 가까이에서 모셨다고 해도, 그를 로맨틱한 상대나 병상에서 몸부림치는 한 명의 환자로 그려내는 것은 당시로서는 분명 일반적인 일이 아니었지요. 이는 글쓴이의 입장이 단순히 여방이라는 공적인 지위에 머무르지 않고, 호리카와 덴노와 사랑을 나눈 연인으로까지 발전되었다는 사실과 깊은 관계가 있습니다.

여방이란 넓은 의미로 '귀인을 가까이서 보좌한 여성 관료들'을 가리킵니다. 앞서 소개한 『베갯머리 서책』의 세이쇼나곤이나 『겐지 이야기』의 무라사키시키부는 후지와라 가문에 등용되어 중궁을 보좌한 것이기 때문에 '후궁 여방'에 해당합니다. 그에 비해 『사누키노스케 일기』의 나가코와 같이 덴노를 보좌한 여성들은 '여관' 또는 '궁궐 여방'이라고 불렸습니다. 이들 여관들은 율령 제도에 따라 편성된 '내시사(內侍司)'라는 관청에 속해 있었지요. 내시사의 여관들은 덴노를 곁에서 보좌하며 궁중의 예식 등을 주관했습니다. 덴노의 비서 격이라고 할 수 있는 중요한 자리이므로 학문과 궁중 예법에 뛰어난 유능한 여성들이 주로 임명되었고요. 나가코의 직책은 전시(典侍)였습니다. 전시는 여관의 일을 총괄하는 내시사의 차관으로 덴노의 궁정 행사나 신사를 관장하던 고위직 여관이었는데요, 점차 변질되어 헤이안 시대 중엽 이후엔 후궁의 성격을 띠게 됩니다. 작중 배경인 호리카와 덴노 시대에 이르러서는 아예 내시사 여관들이 덴노의 후궁 역할까지 하게 되었으며, 특히 헤이안 말기를 가리키는 원정기(院政期)에는 귀족 세력을 견제하기 위해 그 딸들을 후궁 후보에서 배제했기 때문에 내시사 여관들이 덴노의 시첩이 되는 경우가 많았습니다.

이러한 맥락에서 보자면, 전시인 나가코에게 '덴노의 죽음'은 단순히 주군의 사망이 아니라 후궁이 자신의 남편을 잃은 사건이었습니다. 나가코는 덴노의 죽음이라는 비상 사태를 기록하는 와중에도, 그 사이사이에 개인적인 감회를 함께 남겼습니다. 덴노가 사망하여 많은 사람이 통곡하는 모습을 눈앞에서 똑똑히 보면서도 정작 자신은 눈물을 흘릴 수 없었던 일을 두고 그는 기록합니다.

이 몸은 저 사람들이 덴노님 생각하는 마음에 절대 뒤지지 않는다고 자신해왔는데 과연 그런가 하고 생각했다. 왜냐면 나는 그 사람들처럼 소리 내어 울 수도 없었기 때문이다.

   나가코의 연인이었던 호리카와 덴노는 제73대 덴노로 아버지인 시라카와인의 원정 아래에 있었기 때문에 군주로서 크게 활약할 기회가 없었습니다. 더구나 스물아홉에 세상을 떠난 탓에 역사적으로 특기할 만한 사실도 별반 남아 있지 않지요. 하지만 아랫사람의 마음을 세심하게 살피는 자애로운 성격의 소유자였다든지, 피리를 잘 불고 정취를 아는 풍류인이었다든지, 사망 이틀 전에 주변 정황으로 자신의 죽음이 가까이 왔음을 깨달을 정도로 영민했다든지, 임종 시에도 흐트러진 모습을 보이지 않을 만큼 냉철했다든지 하는 기록이 후대까지도 전승되는 이유는 오로지 나가코가 일기를 남긴 덕분이라고 할 수 있겠습니다.

↳ 사누키노스케 일기, 70쪽.

2장
중세 유럽 시스터 액트

#수녀원_문학 #10세기 #독일 #로스비타 #12세기 #프랑스
#엘로이즈 #17세기 #멕시코 #소르_후아나

로스비타, 너의 강한 목소리가 들려!

'학문의 전당'이라고 하면 어디가 가장 먼저 떠오르시나요? 현대인인 여러분께서는 아마도 대학이나 도서관을 많이들 떠올리시겠지요. 그러나 중세 유럽에선 종교계가 학문의 주도권을 쥐고 있었습니다. 아직 인쇄술이 발달하지 않았던 시기에, 성서를 배포할 인력을 지니고 있던 수도원은 오늘날의 출판사나 다름없었기 때문입니다. 이 시대에는 성서를 포함한 모든 책을 사람이 직접 손으로 써서 만들었습니다. 따라서 문헌을 배포하기 위해서는 필사와 삽화 작업을 해줄 인력이 필요했지요. 중세의 수도자들이 이 작업에 주로 동원되었습니다. 그 가운데에는 수녀원의 여성 수도자, 즉 수녀들 역시 포함되어 있었습니다.

필사와 삽화 작업은 당연히 고전어를 읽고 쓸 줄 아는 능력을 필요로 했습니다. 때문에 수녀원은 여성에게 공적 교육의 기회가 차단되어 있던 중세에 여성이 가장 쉽게 교육받을 수 있는 장소가 되었습니다. 그들을 교육하지 않으면, 문헌을 생산할 인력이 부족했기 때문입니다. 심지어 속세의 여성들을 교육하는 일에 대놓고 적대적인 반응을 보이던 교훈문학(didactic literature)의 저자들도 수녀들의 교육에 대해서만은 긍정적이었습니다. 이러한 상황 덕분에 많은 수녀들이 당대 여성의 몸으로는 얻을 수 없었을 학문의 기회를 누릴 수 있었습니다.

교육은 수녀들에게 가장 먼저 '문예 활동'과 '저술 경력'이라는 새로운 진로를 열어주었습니다. 이는 10세기 신성로마제국의 여성 작가 로스비타 폰 간더스하임(Hrotsvitha von Gandersheim, 935~1001)의 사례에서 잘 드러납니다. '강한 목소리'라는 뜻의 '로스비타(Hrotsvitha)'를 필명으로 사용한 그는 당시 가장 영향력 있는 학문 중심지 중 하나였던 간더스하임(Bad Gandersheim)의 베네딕트회 수도원 소속 수녀였습니다. 이 수녀원은 당시 집필과 연구에 왕성한 활동을 보이던 몇 안 되는 여성 공동체 중 하나였지요. 덕분에 로스비타는 중세의 여느 학자들처럼 고전 작품의 형식이나 문체도 연구할 수 있었습니다. 이러한 환경에서 그는 전기 8편과 역사서 2편, 테렌티우스의 희곡을 활용한 극작품 6편을 남깁니다.

테렌티우스(Publius Terentius Afer, 기원전 195/185~159경)가 누구냐고요? 그는 당시 가장 인기 있던 고전극 작가로, 그 영향력은 오늘날로 치면 셰익스피어에 비견할 정도였습니다. 로스비타 역시 테렌티우스의 열렬한 팬이었지만, 테렌티우스의 작품 속에서 여성 인물이 조형된 방식에 대해서는 큰 불만을 지니고 있었습니다. 곧 로스비타는 테렌티우스의 희곡에 등장하는 여성혐오적 요소를 대폭 수정한 작품들을 새로 집필합니다. 한마디로, 고전 희곡에 나타난 여성에 대한 묘사를 바꾸려고 한 것입니다. 자신의 희곡 선집 서문에서 로스비타는 집필 목적을 명확히 밝히고 있습니다.

간더스하임의 강한 목소리인 내가 널리 읽히는 테렌티우스의 작품을 모방하기를 주저하지 않은 이유는, 내 비루한 재능의 한계 내에서 음탕한 여성들의 파렴치한 행위를 묘사하는 데 사용되었던 것과 동일한 형태의 구성으로 기독교 처녀들의 칭찬할 만한 순결을 영화롭게 하기 위함이다.

이러한 의도에 걸맞게 로스비타가 집필한 작품의 중심에는 항상 여성들이 자리합니다. 물론 그가 자신의 여성 인물들을 테렌티우스가 설계한 성적 대상화나 위협, 폭력이라는 맥락으로부터 완전히 해방시킨 것은 아닙니다. 그렇지만 로스비타는 자신만의 다시-쓰기를 통해 꾸준히 기

→ "Wherefore I, the strong voice of Gandersheim, have not hesitated to imitate a poet (Terence) whose works are so widely read, my object being to glorify, within the limits of my poor talent, the laudable chastity of Christian virgins in that self-same form of composition which has been used to describe the shameless acts of licentious women."
Anna Katharina Rudolph, "Ego Clamor Validus Gandeshemensis Hrotsvitha of Gandersheim: Her Sources, Motives, and Historical Context," *Magistra* (Atchison, Kan.) 20, no. 2 (2014): 58–90.

존의 권위에 도전장을 던졌습니다. 이를테면 '여성의 동의'라는 관념을 전면에 내세우는 식으로 말입니다.

가장 대표적인 예로 로스비타의 희곡 《둘시티우스 *Dulcitius*》를 들 수 있습니다. 이 작품은 황제 디오클레티아누스와 그의 병사들 앞에 세 명의 여성이 등장하는 것으로 시작합니다. 황제는 여성들에게 궁정에서 가장 지위 높은 사람, 즉 자신과 결혼할 것을 명령합니다. 그러나 여성들은 순결한 삶을 살기로 서약했다며 거부하고, 황제는 분노하여 그들을 감옥으로 보내지요. 이때 여성들을 감옥으로 호송하던 둘시티우스가 그들을 강간하려 듭니다. 이 공포스러운 장면을 로스비타는 풍자적이고 우스꽝스럽게 묘사합니다. 엉뚱하게도 둘시티우스는 한밤중에 감옥으로 찾아와서는 지저분한 항아리와 냄비를 강간하는데요, 여성과 주방도구를 구별조차 하지 못하는, 다시 말해 여성을 가정에 존재하는 '물건'이나 다름없게 여기는 세태를 꼬집은 것입니다.

로스비타의 또 다른 연극 《칼리마코스 *Calimachus*》 역시 여성의 동의와 성적 물화 문제에 초점을 맞추고 있습니다. 오프닝 장면에서 칼리마코스는 여성 주인공 드루시아나에게 고백합니다. 나는 당신의 아름다움 때문에 당신을 사랑한다고 말입니다. 그러자 드루시아나는 이해할 수 없다는 표정으로 되묻습니다.

"내 아름다움? 당신에게 내 아름다움이란 게 대체 뭐죠?"

결국 드루시아나를 유혹하는 데 실패한 칼리마코스는 자신의 힘과 능력을 총동원해 그를 가둬버리기로 합니다. 이에 드루시아나는 신께 자신을 데려가달라고 기도하고, 신은 즉시 그의 소원을 들어줍니다. 이어지는 장면에서 칼리마코스는 끔찍하게도 드루시아나의 시신을 강간하기 위해 무덤 속으로 들어갑니다. 로스비타는 《둘시티우스》에서와 마찬가지로 여성의 동의를 구하지 않는 행위, 즉 강간은 여성을 죽은 물건이나 시체처럼 대하는 일이라고 비판한 것입니다.

이처럼 자기 주장이 확실한 작품을 써 내려갔음에도 불구하고 로스비타의 창작 활동은 크게 두 가지 이유로 무시되어왔습니다. 하나는 어차피 테렌티우스의 희곡을 베낀 것일 뿐 로스비타가 스스로 써낸 작품은 하나도 없지 않느냐는 것이고, 또 하나는 수녀가 수녀 공동체를 위해 만들어낸 작품은 결국 '학교 드라마(school drama or brockett)'나 종교극에 불과하지 않느냐는 것입니다. 그러나 로스비타의 작품은 고전 연극의 형식 속에 중세 기적극과 도덕극의 주제를 녹여냈다는 점, 남성의 폭력에 대항하는 여

→ Sue-Ellen Case, *Feminism and Theatre* (Routledge, 2014), 36.

성 인물들을 무대 전면에 내세웠다는 점에서 의미가 있습니다. 이는 테렌티우스의 작품에선 찾아보기 힘든 특징들이지요. 특히 그의 작품에 여성 인물들이 출현하는 빈도가 극히 낮다는 점을 고려하면, 로스비타가 모방꾼이라는 주장은 모함에 가깝습니다. 이토록 결정적인 부분을 고쳐 쓰는 행위는 마치 현대의 고전 다시-쓰기와 같이 엄연한 창작에 해당하며, 로스비타의 작품은 그렇기 때문에 더욱 흥미롭다고 할 수 있습니다.

게다가 그가 수녀이기 때문에 진정한 작가일 수 없다고 폄훼하는 것은 더욱 심각한 전제의 오류를 안고 있습니다. 수녀원 안에서 일어난 일은 수녀들 간의 사소하고 개인적인 일에 불과할 뿐 바깥 세상의 '진지하고 심각한' 문제들과는 관계 없으므로, 그 안에서 일어난 배움이나 생산된 지식 또한 마찬가지라고 주장하는 셈이기 때문입니다. 이는 단순히 남성에게 공적 영역, 여성에게 사적 영역을 할당하는 차원을 넘어, 두 영역 사이에 위계질서를 부여한다는 점에서 문제를 심화합니다. 쉽게 말해, 사적인 영역 전체를 공적인 영역에 비해 한참 모자란 것으로 평가절하한다는 것입니다.

그러나 정말로 사적인 문제는 공적인 문제에 비해 하찮은 것일까요? 중세에 수녀들의 목소리가 얼마나 중요했는지, 가장 개인적인 것이 어떻게 가장 '정치적'인 일이 되는

지를 우리는 다음 인물의 삶을 통해 알 수 있습니다.

결혼은 선택, 철학적 사유는 필수

12세기 파리에 엘로이즈(Héloïse, 1101경~1164)라는 소녀가 있었습니다. 그는 대성당의 참사위원이던 퓔베르의 조카딸인데, 일찍부터 학문에 뛰어난 재능을 보여 외삼촌의 사랑을 듬뿍 받았더랬지요. 권력과 재력을 겸비한 퓔베르가 엘로이즈의 교육에 아낌없이 투자한 것은 당연한 일이었고요. 같은 시기, 피에르 아벨라르(Pierre Abelard, 1079~1142)라는 수도사가 프랑스 전역에서 명성을 떨치고 있었습니다. 그는 당대 최고의 석학으로 신학과 철학 두 분야에 모두 능통한 논객이자 유명인사였습니다. 두 사람의 첫 만남은 1118년의 일로, 당시 아벨라르는 서른아홉, 엘로이즈는 열일곱 살이었습니다.

자연스러운 만남은 아니었습니다. 아벨라르가 의도적으로 엘로이즈에게 접근할 기회를 꾸며냈지요. 아벨라르는 퓔베르의 집이 자신의 학당 근처라는 점을 이용해 그 집의 하숙인으로 들어갔습니다. 마침 조카딸의 공부에 온 신경을 쏟고 있던 퓔베르는 대학자 아벨라르가 자기 집에 머무는 것을 좋은 기회로 여겨 엘로이즈의 공부를 그에게 맡겨버립니다. 그리고 바로 그것이 아벨라르가 노리던 바였습니다. 뻔뻔하게도 그는 "연약한 한 마리의 암양을 굶주린 이리에게 내맡기는 것 같은 이 행위에 놀라움을 감출 수 없었"다고 후일 회고합니다. 퓔베르가 엘로이즈의 교육뿐 아니라 체벌까지도 자신에게 일임한 것은 조카딸을 정복할 수 있는 기회를 선뜻 허락해준 셈이나 다름없다면서요. 이후의 전개는 아벨라르의 표현을 빌리자면 이렇습니다.

교육을 한다는 이유로 사랑이 요망하는 별실, 떨어진 방이 제공되었네. 책이 펼쳐져 있었지만, 철학 공부보다는 사랑의 이야기가 더 많았고, 학문의 설명보다는 입맞춤이 더 빈번했으며, 내 손은 나의 책으로 가는 일보다 더 자주 그녀의 가슴으로 갔던 것이네. 사랑은 두 사람의 눈을 교과서의 문자 위를 더듬게 하지 않고 서로의 눈망울 속에 머물게 했네. 의혹을 보다 잘 피하기 위하여 때로 나는 매질을 가하기까지 했다네. 그것은 분노의 매질이 아닌 사랑의 매질이었으며, 미움의 매질이 아닌 애정의 매질이었던 것이네. 그리고 이 매질은 온갖 향료보다도 더

→ 아벨라르와 엘로이즈, 31쪽.

감미롭기만 했던 것이네.

  정말 환장할 노릇이지요.

  곧 엘로이즈는 임신 사실을 깨닫게 되고, 아벨라르는 엘로이즈를 브르타뉴에 있는 누이 집으로 빼돌려 아이를 낳게 합니다. 퓔베르는 뒤늦게 이 사실을 알고 격노했지만, 조카딸이 인질로 잡혀 있는 것이나 다름없는 상황이었기에 아무 대응도 하지 못합니다. 아벨라르는 퓔베르가 자신을 해치지 못할 것임을 확신하고서 직접 그를 찾아가 "여성들이, 이 세상이 비롯된 이후로 가장 위대한 사람들까지도 얼마나 많은 구렁으로 떨어뜨리고 말았는가를 아는 사람이라면 누구나 나의 행위를 괴이쩍게 여기지 않을 것"이라며 자신의 행위를 정당화합니다. 그러고는 퓔베르로부터 결혼 허락을 받아냅니다. 단, 세간에 비밀로 한다는 조건하에.

  당시 가톨릭 교회는 학문하려는 이들에게 금욕을 권장했습니다. 많은 성직자들이 부인이나 애인을 두었지만, 어디까지나 비공식적인 관계였지요. 아벨라르 역시 자신의 학문적·종교적 위신을 지키기 위해 결혼 사실을 숨기려고

→ 아벨라르와 엘로이즈, 32쪽.
→→ 아벨라르와 엘로이즈, 36쪽.

했습니다. 그러나 엘로이즈가 이에 동의하지 않았기 때문에 아벨라르는 당시 엘로이즈 가족의 가부장이나 다름없었던 퓔베르에게 거래를 제안했습니다. 야반도주 대신 비밀 결혼을 허락하면 손쉽게 자신의 명예와 권위를 지킬 수 있었기에 퓔베르는 그 제안을 받아들입니다. 하지만 이렇게 성사된 결혼은 엘로이즈에게 사랑의 결실이 아닌 협상의 결과물이나 다름없었지요.

엘로이즈는 가문의 명예를 중시하는 외삼촌이 결코 비밀 결혼에 만족하지 못할 것을 예상했습니다. 이 통찰은 얼마 안 있어 사실로 드러납니다. 그는 결혼식이 끝나자 기다렸다는 듯이 약속을 어기고 조카딸이 결혼했다는 사실을 주위에 흘리기 시작했습니다. 이에 엘로이즈가 항의하자 그를 학대하기까지 했지요. 결국 아벨라르는 엘로이즈를 아르장퇴유(Argenteuil)라는 수도원으로 피신시킵니다. 그러나 이 대처가 사태를 더욱 악화시켰습니다. 퓔베르는 아벨라르가 엘로이즈를 버리기 위해 강제로 수녀로 만들었다 생각하고 분노했습니다. 그래서 깡패를 고용하여 아벨라르를 습격한 뒤 그의 성기를 잘라버립니다. 아벨라르는 어쩔 수 없이 생 드니 수도원으로 도망쳐 수도사가 되었습니다. 성불능인 남성은 수도원에 들어가는 것이 당시의 관행이었거든요.

만일 이렇게 끝났다면 엘로이즈의 이야기는 복수극이

되었겠지요. 그러나 놀랍게도 이 이야기의 장르는 장편 로맨스였으니, 아벨라르와 엘로이즈의 연애는 여기서부터 본격적으로 시작됩니다. 그것도 문학사에 길이 남을 편지를 주고받으면서 말입니다. 이들의 편지는 모두 열두 편으로, 수난기(1), 사랑의 편지(2-5), 신앙심을 위한 교도의 편지(6-12)로 이루어져 있습니다. '내 고난의 이야기'라는 제목으로도 알려진 수난기는 아벨라르가 불행을 겪은 친구를 위로하기 위해 쓴 것으로 자신의 성장 과정과 학문 이력, 엘로이즈와의 사연을 자세히 서술한 자서전과도 같은 글입니다. '개인적 편지'라고도 불리는 사랑의 편지는 엘로이즈와 아벨라르가 사랑의 문제에 관해 주고받은 내용을 담고 있으며, 교도의 편지는 주로 수도원의 규율과 신앙 문제를 다루고 있지요.

엘로이즈와 아벨라르가 나눈 것을 현대적 기준에서 사랑이라고 볼 수 있는가는 의문입니다. 중세적 기준에서조차 아벨라르는 지독히 이기적이었으니까요. 아벨라르는 종교적으로 금욕을 권장하는 기간에조차 거리낌 없이 엘로이즈에게 성행위를 요구했으며, 엘로이즈가 내키지 않아 할 때엔 강제로 성관계를 맺기 위해 체벌을 빙자한 폭력을 행사했습니다. 결혼 후 수녀원에 피신해 있던 엘로이즈를 찾아갔을 때는 마땅한 장소가 없었음에도 수녀원 식당 한 구석에서 성행위를 강행했고요. 이렇게 성적 능력이 왕성했을 때엔 이를 과시하고 싶어 한 주제에, 거세당해 성기능을 잃게 된 뒤에는 철저하게 중세적인 성관념으로 회귀합니다. 당시 교리는 남편이 자기 아내를 강제로 수도원에 넣는 것을 용인했습니다. 이를 근거로 아벨라르는 혼인한 상태에서 자신이 수도자가 되었으니 엘로이즈도 수녀가 되어야 마땅하다 여겼고, 엘로이즈도 그렇게 생각하도록 요구했습니다. 자신이 더 이상 엘로이즈를 성적으로 소유할 수 없게 되자 종교라는 미명하에 그의 섹슈얼리티까지 죽여버리고자 한 것입니다.

이처럼 몹시도 의문스러운 아벨라르의 연애 방식과는 대조되게 엘로이즈는 확고한 자기만의 사랑관을 지니고 있었습니다. 이는 엘로이즈가 아벨라르와의 결혼을 거부하며 들었던 근거에서 잘 드러납니다. 우선 엘로이즈는 종교계와 학계에서 명망 높은 아벨라르를 자기가 결혼이라는 불명예로 약탈해 가는 모양새가 될 경우 "세상이 자기에게 얼마나 큰 속죄를 요구할 것인가; 얼마나 많은 비방이 자기 머리 위에 퍼부어질 것이며, 얼마나 큰 손실을 이 교회에 줄 것이며, 철학에는 얼마나 많은 눈물을 흘리게 할 것이냐"고 의문합니다. 엘로이즈는 이 결혼으로 자신

↳ 아벨라르와 엘로이즈, 36~37쪽.

이 얼마나 지탄받고 구속될지 이미 알고 있었던 것입니다. 물론 그 점을 고려하더라도 젊은 여성으로서 중세 유럽 사회를 살아내기에는 결혼하는 것이 결혼하지 않는 것보다 더 편한 길이었을 겁니다. 그럼에도 불구하고 엘로이즈는 "결혼보다는 사랑을, 예속보다는 자유를" 바라며 결혼을 거부합니다. 이유는 그가 당시에 통용되던 사랑관으로부터 해방되고 싶어 했기 때문이었습니다.

당시의 종교적 가르침에 의하면 결혼은 사랑이 아닌 자녀 출산, 즉 재생산을 위한 것이었습니다. 2세기에 유스티누스는 "기독교가 선택해야 할 길은 아이를 낳기 위해 결혼하거나, 혹은 결혼하지 않고 완전한 금욕을 지키는 것 중의 하나이다"라는 말을 남겼고, 177년에 아테나고라스는 임신 중 부부 성관계를 피하도록 권장하며 "밭에 씨를 뿌린 농부도 수확을 기다린 다음에 비로소 다음 씨앗을 뿌리지 않는가"라고 한 바 있지요. 출산 목적 외의 부부 관계를 불필요한 일로 묘사한 것입니다. 게다가 가톨릭 결혼의 이상과도 다름없는 요셉과 마리아의 결합에는 육체 관계와 성적 쾌락의 공유가 포함되지 않았습니다. 이러한 관점에서 사랑하는 감정이나 성애 행위는 결혼과 지극히 별

→ 한정숙, 『여성은 이렇게 말했다』, 길, 2008, 428쪽.
→→ 쟝 루이 플랑드렝, 『성의 역사』, 동문선, 1994, 122쪽.

개의 것으로 여겨졌을 뿐 아니라, 심지어 대립적으로 비쳐지기까지 하였습니다. 누구보다도 독실한 교인이었던 엘로이즈의 결혼에 대한 이해 또한 이와 크게 다르지 않았음은 물론입니다.

그러나 사랑에 대한 엘로이즈의 욕망은 중세적 이해와는 전혀 다른 방향을 가리키고 있었습니다. 그는 중세 가톨릭이 만들어낸 무성적 존재, 관념상의 '부인'이나 '어머니'로 살기를 원하지 않았습니다. 엘로이즈는 당시로서는 이름조차 접하기 어려웠던 고대 그리스의 여성 철학자 아스파시아(Aspasia, 기원전 470~400)의 말을 인용하며 결혼을 자유로운 선택의 대상으로, 사랑을 자유로운 결정의 결과로 설명합니다. 여기엔 당대 최고의 엘리트였던 페리클레스와의 사이에서 아이를 낳고도 그와 결혼하지 않고 사랑을 나누며 고전 철학의 요람과도 같은 역할을 해냈던 아스파시아처럼 살고 싶다는 바람이 담겨 있었고요. 그러나 중세 유럽 사회에서 여성이 사회적으로 인정받을 수 있는 길은 크게 두 가지뿐이었습니다. 혼인과 출산을 통해 부인이나 어머니가 되거나, 여성 수도자, 다시 말해 수녀가 되거나. 적어도 수녀원 내에서는 "자신의 성별이 지닌 '약점'을 초월할 수 있었"고, 수녀원장이 되고 나면 "세속사회에서는 공식적으로 남성이 독점하던 정치적인 권위를 행사할 수 있었"기 때문입니다." 이 중 첫 번째 길을 거부한 엘로이즈는 두 번째 길에 일생을 바치기 시작합니다. 그리고 종래에는 수녀원장이 되어 여성 수도자들의 학문적, 정신적 스승으로 발돋움하게 되지요.

여자의 철학, 가장 정치적인 문제가 되다

엘로이즈는 일찍이 수녀원 학교에서 교육받아 라틴어와 희랍어, 희브리어에 능통했고, 수사학에 대한 지식까지 갖추고 있었습니다. 당시 기준으로 수사학은 신학·철학·법학·의학을 익히기 위한 기초 교양이었기 때문에, 엘로이즈는 아벨라르와 만나기 이전부터 이미 여러 철학 원전을 읽을 수 있었습니다. 심지어 기독교 이전의 고전 철학에 관해서는 아벨라르보다 더 정통했던 것으로 보입니다. 이는 두 사람이 주고받은 편지 속 인용(citatio)에서 잘 드러납니다. 인용은 중세부터 확립되기 시작하여 오늘날의 학계에까지 자리 잡은 중요한 철학적 방법이자 논술의 기본 양식입니다. 그들의 편지에 인용된 내용을 보면, 아벨라르

→ 데니스 하워드 그린, 『중세의 여성 독자』, 이혜민 옮김, 연세대학교출판문화원, 2017, 184쪽.

는 성경과 기독교 교부들의 권위에 많이 의존하는 반면, 엘로이즈는 논술에 가까운 작법을 구사하며 고대 문헌, 특히 로마 문학을 자주 인용합니다. 이에 클뤼니의 베네라빌리스 수도원장을 지낸 존자 피에르(Pierre le Vénérable, 1092~1156)를 비롯한 당대의 지식인들은 엘로이즈를 "진정한 여성 철학자"로 선언하기에 이르지요.→ 공개적으로 발표한 문헌이나 서한에서 여성이 철학자로 인정받는 것은 중세에 처음 있는 일이었습니다.

  이처럼 엘로이즈는 아벨라르와 만나기 이전에 이미 온 프랑스에 이름을 날렸을 정도로 학문적 재능이 탁월했습니다. 그러나 뛰어난 능력을 지녔다고 해서 그의 수녀원 생활이 마냥 순탄하기만 했던 것은 아닙니다. 1129년, 엘로이즈가 아르장퇴유 수녀원의 장이 된 바로 그해에 수녀원은 해산되고 엘로이즈를 포함한 모든 수녀들은 강제로 추방되고 맙니다. 오래전부터 아르장퇴유 수도원에 대해 권리를 주장해왔던 생 드니 수도원장이 기어코 이곳을 손에 넣었기 때문입니다. 한편 그 당시 아벨라르는 트루아의 영지에 있는 황무지에 성삼위일체 교회를 세우고 그곳을 '파라클레(Paraclete)', 해석하자면 '위안을 주는 이'라 이름 붙인 참이었습니다. 그러던 중 엘로이즈가 속한 아르장퇴

→ 중세 여성철학자 트리오, 194쪽.

유 수녀원의 수녀들이 어려움을 겪고 있다는 사실을 알고는 그들을 파라클레로 초대합니다. 그리고 그곳에 속해 있던 예배당을 일체 양도하지요. 교황의 허락하에 파라클레는 그들을 위한 수도원으로 개조되었고, 엘로이즈는 그곳의 여성 수도자들을 이끄는 지도자, 다시 말해 수녀원장이 됩니다.

수녀원장이 된 엘로이즈는 아벨라르에게 두 가지를 부탁합니다. 첫째는 수도회의 역사적 기원과 수녀들의 신앙생활이 지닌 고유한 특성을 가르쳐달라는 것으로, 쉽게 말해 여성 수도자 직업 교육을 요구한 것입니다. 둘째는 여성 수도자들에게 적합한 규칙을 만들어달라는 것이었는데, 구체적으로는 수도자들이 수도생활에서 이행해야 할 규칙 가운데서도 특별히 여성 수도자에게만 적용되는 사항을 문서로 작성해줄 것과 여성 수도회의 제도와 제복을 새로이 지정해줄 것을 부탁했습니다. 이 두 번째 부탁은 얼핏 당연한 요구처럼 보이지만, 당시로서는 매우 혁신적인 것이었습니다. 중세 수도회의 규범을 상대로 한 일종의 '실천적 개혁 시도'였기 때문입니다.

그리스도교의 여성 수도회는 12세기에 본격적으로 확장되기 시작했습니다. 이 시기에는 빙엔의 힐데가르트(Hildegard von Bingen, 1098~1197) 등의 여성 수도자들을 필두로 서서히 여성들의 수도생활이 유럽 전역으로 퍼져

나가면서 다양한 수녀원이 자리를 잡아갔습니다. 그러나 여전히 여성의 특수성을 고려한 수도생활의 제도, 규칙, 생활방식 등이 확립되지 않은 상태였습니다. 천 년 넘는 그리스도교의 역사 동안, 교회의 어떤 지도자도 여성 수도자를 고려하지 않았던 것입니다. 하지만 엘로이즈는 여성 수도자에게 초점을 맞춘 규범을 새로이 정립하고 그것을 성문화할 필요성을 인지하고 있었습니다.

제가 확신할 수 있는 바에 따르면, 성스런 교부(Pater)들도 이러한 과업을 간과했습니다. 여성들을 위해 규정된 수녀들의 규칙서는 존재하지 않습니다. 그 [규칙과 제도가 없는] 결과로, 현재에 와서는 남성과 여성을 수도원에 받아들이기는 했으나, 동일한 규칙을 따를 의무를 지고 있습니다. 연약한 여자 사람들도 튼튼한 남자 사람들과 똑같이 힘든 수련을 받고 있습니다. 어떤 경우이든 서방 교회에서는 남자든 여자든 동등하게 성 베네딕트의 규칙을 따를 의무가 있습니다. 그렇지만 베네딕트 성인도 규칙을 제정하면서 남자들만 염두에 두었다는 것은 의심의 여지가 없으며, 또한 높은 사람을 위해 정했든 낮은 사람을 위해 정했든 오로지 남자들만이 이러한 규칙을 지킬 수

→ 중세 여성철학자 트리오, 243~244쪽.

있습니다. [제6 엘로이즈, 셋째 서한]

아벨라르에게 보내는 편지에서 엘로이즈는 기존 규칙들이 불합리한 이유를 구체적으로 열거해 나갑니다.

두건이 달린 망토 복식이며, 짧은 바지며, 어깨에 걸치는 복장에 관한 격식들을 어떻게 여자에게 적용하겠습니까? 또 튜닉 내복이라든지 털 달린 속바지를 여자들이 어떻게 입겠습니까? 여자들에게는 월경이 있기 때문에, 이런 것을 사용한다는 것은 전혀 불가능합니다.

또 다음과 같이 반문하며, 수녀인 동시에 지도자인 수녀원장이 남성 중심적으로 제정된 수도회의 규칙 때문에 겪게 되는 모순에 대해 항의하기도 했습니다.

수도원장이 순례자나 길손을 위해 주재하게 되는 특별 식탁에서의 식사 규정을 어떻게 보십니까? 수녀원장이 남자 손님들을 접대해야 된다든지, 또는 접대해야 할 남자 손님들과 식사를 함께해야 된다든지 하는 일이 우리의

→ 중세 여성철학자 트리오, 247쪽.
→→ 중세 여성철학자 트리오, 248쪽.

서약에 어울리는 일입니까?[→]

  비록 아벨라르에게 수녀들을 위한 새로운 규칙을 성문화해달라고 부탁하긴 했지만, 그 모든 규칙을 하나하나 지적하고 고쳐 나간 사람은 엘로이즈 자신이었습니다. 서류 절차를 진행하는 과정에서 아벨라르의 이름을 빌렸을 뿐, 실제로는 직접 나서서 자기 손으로 중세 수도회의 규범을 개혁한 것입니다. 엘로이즈의 열정에 힘입어 파라클레 수녀원은 빠른 속도로 안정을 찾고 성장해 나갔습니다. 아벨라르는 이를 두고 "만약 내가 그곳에 머물러 있으면서 행했다면 백 년이 걸려도 이루지 못했을 수입의 증가를 그녀들은 단지 일 년 만에 그 토지로부터 거둬들일 수 있었던 것이네"[→→]라고 말하기까지 했으니, 파라클레 수녀원이 이룬 모든 업적은 곧 엘로이즈의 업적이자 동료 수녀들의 업적이었던 것이지요.

  일찍이 엘로이즈는 "개개인의 성격과 지능을 고려하고 거기에 부응함으로써, 자신과 모든 자와 일치시키고 조화시키도록 할 일이다"[→→→]라고 말한 바 있습니다. 이로 미루어보아 엘로이즈의 철학은 개인이 성별과 관계없이 능력

[→] 중세 여성철학자 트리오, 248~249쪽.
[→→] 아벨라르와 엘로이즈, 75~76쪽.
[→→→] 중세 여성철학자 트리오, 251쪽.

을 증대시키고 이끌어낼 수 있어야 한다는 인본주의에 기초한다고 말할 수 있겠습니다. 그리고 그가 이러한 철학을 실천하여 실제 살아 있는 수녀들의 삶을 개선해냈다는 사실은 "개인적인 것이 정치적인 것이다(The personal is political/The private is political)"라는 2물결 페미니즘의 유명한 슬로건과도 공명합니다. 엘로이즈가 파란만장한 삶의 한가운데서도 꿋꿋이 지켜낸 자신의 철학이야말로, 그에게 있어 가장 개인적인 자산이었던 동시에 가장 큰 정치적 업적이 되었기 때문입니다.

요람에서 무덤까지, 여성 문학의 인큐베이터

움베르토 에코의 중세사 총서에서 1200년부터 1400년경까지를 다루는 제3권은 총 554명의 중세 인물을 거론하는데요, 그중 열네 명에 불과한 여성 가운데 두 명이 문인, 다섯 명이 왕족, 그리고 나머지 일곱 명이 수녀입니다. 중세 유럽 사회에서 수녀원은 모든 면에서 예외적인 공간이었습니다. 여성에게 글을 가르치지 않았던 시대에 수녀원은 여자들이 일상적으로 읽고 쓰며 배움을 접할 수 있는 유일한 공간이었으니까요. 더 많은 제약을 받고 더 많은 규율을 지켜야 했지만, 그 대신 원 없이 공부할 수 있었던 것이지요. 버지니아 울프(Virginia Woolf, 1882~1941)는 여성이 글을 쓰기 위해서는 돈과 자기만의 방을 가져야 한다고 주장했는데, 중세 여성들에게는 수녀원이 바로 '자기만의 방'이었던 것입니다.

그러나 중세 전성기에 이르러 수도원은 학문적 중심지로서의 위상을 빼앗깁니다. 12세기에 들어서면서 이 역할은 도시의 학교로 넘어갔고 13세기에는 대학으로 넘어갔는데, 이런 기관들은 여성을 학생으로 받지 않았고 수녀들도 예외가 아니었습니다. 결국 고등교육기관에 들어갈 수 없다는 점에서 중세 후기 수녀들의 처지는 일반 여성들과 다르지 않았지요. 수녀들은 중세 전성기 문화의 주된 결실인 스콜라 철학 및 신학에 주요 기여자로서 이름을 올리지 못했고, 그들이 두각을 나타낼 수 있는 영역은 오로지 신비주의로 한정되었습니다. 교육 격차는 점점 커져서 14세기에는 많은 수녀들이 라틴어를 이해하지 못하는 지경이 되었습니다. 15세기에 이르러서는 기도서와 예배서를 읽는 것마저 토착어 번역본에 의존해야 했고요. 본래 중세 문자문화에 있어 남성 성직자 다음으로 주요한 전달자의 지위를 점하였던 수녀들의 문해력은 이렇게 추락해가고

→ 이은기,『중세의 침묵을 깬 여성들』, 사회평론아카데미, 2022, 29~30쪽.

있었습니다.

수녀원 내부의 상황이 이러할진데, 바깥에서는 어땠을까요? 분명 13세기 이전까지만 해도 귀족 계급 내 남녀 교육 수준에 큰 차이가 없었습니다. 귀족 남성들의 교육 수준이 그리 높지 않았기 때문입니다. 당시 유럽의 귀족 남성들은 대체로 지식인인 문사(clericus)와 구별되는 무사(miles)였으며, 오히려 여성들이 기도서나 다양한 문헌을 읽는 데 더 많은 시간을 투자했습니다. 그러나 13세기 이후 대학이 발흥하며 상황은 여성들에게 불리한 방향으로 변화했습니다. 소녀들은 대학에 진학할 수 없었던 탓에 지위 고하를 막론하고 제도화된 교육을 받지 못했지만, 남성들은 성직자가 되지 않을 귀족 소년들조차 모두 교육받게 되면서 성별에 따른 교육 격차가 급격히 벌어지기 시작한 것입니다.

대학과 기타 교육기관들이 확장하고 전파되면서 남녀의 교육 격차는 더욱 심화했습니다. 여성들은 자신들이 속한 사회의 지적 활동과 사상적 발전으로부터 점차 소외되어갔습니다. 그러나 지구 반대편에서는 수녀원이 여전히 교육 및 연구기관으로서 여성들에게 대학의 역할을 대신해주고 있었습니다. 세 살에 라틴어를 익히고 다섯 살에

↱ 제4신분, 중세 여성의 역사, 285~287쪽.

셈을 통달하여 여덟 살부터 시를 쓰기 시작한 신동, 식민지배기 멕시코 최고의 천재라 불리던 소녀 소르 후아나 이네스 데 라 크루스(Sor Juana Inés de la Cruz, 1648~1695)의 존재가 바로 그 증거입니다.

소르 후아나는 멕시코 시티의 영산 포포카테페틀 옆에 있는 작은 마을에서 자랐습니다. 그는 아주 어린 시절부터 이미 배우고 성찰하는 일에 열성이었다고 합니다. 종종 예배당 도서관에 숨어들어 여자아이들에겐 금지되어 있던 할아버지의 책을 읽었을 정도로 말입니다. 1664년, 열여섯에 멕시코시티로 보내졌을 때 소르 후아나는 그곳의 대학에서 수업을 받게 해달라고 간청합니다. 그러나 가족들은 끝내 그의 요구를 거부했습니다. 결국 정규 교육을 받지 못하게 된 소르 후아나는 할아버지에게 물려받은 서재에서 독학으로 학업을 이어나갔습니다.

소르 후아나가 열일곱 살 되던 해, 당시 누에바에스파냐의 총독이던 만세라 후작은 이 소녀의 재능을 시험하고자 여러 신학자, 법학자, 철학자, 시인 들과 함께 그를 궁정으로 초대했습니다. 그러곤 소르 후아나에게 질문하거나 그의 작품 낭독을 들을 수 있는 시간을 마련했지요. 무방비한 상태로 많은 지식인들의 질문에 답해야 했음에도 불구하고 어린 소르 후아나의 답변은 모두를 놀라게 했습니다. 소르 후아나는 곧 스페인 전역에서 유명인이 됩니다. 청혼도 여러 차례 받았지만, 그가 원한 것은 오로지 공부할 자유뿐이었기에 모두 물리치고 수녀가 됩니다. 그리고 스스로 염원한 대로 1695년에 사망할 때까지 수녀원에서 방대한 주제로 시와 산문을 쓰며 어마어마한 양의 책을 수집합니다.

어리석은 남자들이여, 여성에게 죄를 묻는 것은
그 죄를 초래한 자신을 비난하는 일이건만

지나친 욕망으로 경멸받을 일을 불러일으킬 때에
너는 악한 일을 부추기면서 어찌 그들이 선을 행하길
바라는가? 여자들의 저항을 꺾으려고 안간힘을 써놓곤
무게나 잡으며 말하지, 이건 모두 여성들이 문란한 탓이라고

[중략]

열정이 잘못되었을 때 누구의 죄가 더 클까? 간청을 받고 유혹에 넘어가버린 여자? 아니면 그가 잘못을 저지르도록 간청하는 남자?

서로의 행동이 실망스럽더라도 누구의 죄가 더 클 것인가. 저지른 죄에 대가를 받은 쪽? 아니면 죄를 지으라며 대가를

지불한 쪽?

너는 왜 네가 지은 죄를 두고 놀라워하며 이 죄가 누구
탓인지 논쟁하는가?
네가 벌여놓은 일을 사랑하든가, 그럴 수 없다면 사랑할 수
있을 법한 일만을 벌여라.

[후략]

소르 후아나가 1680년대 발표한 「어리석은 남자*Hombres Necios*」는 문헌으로 남아 있는 아메리카 대륙 최초의 원형적 페미니스트(Protofeminist) 작품으로, 여성에 대한 사회의 이중 잣대를 들여다보는 동시에 여성의 명예를 떨어뜨리려는 남성들을 비난하고 있습니다. 이 작품은 성평등과는 거리가 멀던 17세기 멕시코 사회에 거센 반발을 불러일으켰지요. 이 반발은 소르 후아나가 고해신부와 주고받은 사적인 편지가 폭로되면서 절정에 이르렀습니다. '오토데펜사(Autodefensa Espiritual)'라 불리는 이 편지에서 소르 후아나는 자신의 지적 추구와 여성의 교육권을 옹호합니다. 여성도 남성과 마찬가지로 지성을 지니고 있기에 지적인 활동에 대한 자유를 보장받아야 한다는 것입니다.

소르 후아나는 여성의 교육권이 무의미하다고 믿는 사

람들에게 글로써 도전하기로 결심합니다. 그렇게 탄생한 첫 번째 글이 '라 레스푸에스타(La Respuesta)'입니다. 이 글의 발단은 1690년 멕시코 푸에블라의 마누엘 페르난데스 데 산타 크루스 주교가 허락 없이 소르 후아나의「아테나 여신에 버금가는 편지」를 출판한 사건으로 거슬러 올라갑니다. 이 글에서 소르 후아나는 당대 저명한 포르투갈 신학자 안토니우 비에이라 신부의 신학적 주장을 비판했습니다. 비에이라 신부는 1650년 리스본 예수회 대학에서 "예수 그리스도의 사랑은 구원의 대상을 선택한 그분의 능력에서 가장 위대하게 표현된다"고 강론했는데, 소르 후아나는 이 주장이 구원의 보편성을 부정한다고 지적하며 그리스도의 사랑은 십자가 희생에서 가장 완벽하게 표현되었다고 반박했습니다.

식민지의 일개 수녀가 당대 최고 신학자의 강론을 비판한 이 행위는 남성 중심주의 교회 권위에 대한 도전으로 인식되었습니다. 이에 푸에블라 주교는 소르 후아나의 글을 무단으로 출판하면서 '소르 필로테아 데 라 크루스'라는 가명으로 서문을 덧붙여 소르 후아나를 질책했습니다. 서문에서 주교는 겉으로는 그의 지성을 칭찬하면서도 실제로는 여성의 학문 추구를 비판했는데요, 그는 소르 후아나

↳ 소르 후아나 이네스 데 라 크루스,『첫 꿈』, 신정환 옮김, 경당, 2025, 293쪽.

에게 세속적 공부보다 신앙에 집중하라고 강권했고, 여성 수도자에게는 학문보다 겸손과 순종이 더 중요하다는 압력을 가했습니다.

   소르 후아나는 푸에블라 주교가 서문의 진짜 저자임을 알면서도 '필로테아 수녀'에게 편지하는 형식을 유지하며 강력한 반박문을 썼습니다. 이 편지에서 그는 여성의 지적 탐구를 향한 선천적 열망을 드러내며 자신이 어린 시절부터 가졌던 지식에 대한 열정을 회상하고, 수도원 입회가 공부를 계속하기 위한 최선의 선택이었다고 합니다.

이성의 빛을 처음 본 순간부터 학문에 대한 나의 이끌림은
너무나도 격렬하고 압도적이어서, 나를 무척 괴롭게
한 다른 사람들의 훈계나 결코 적지 않았던 나 자신의
성찰조차도 이 자연스러운 충동을 버리게 하기에는
충분하지 않았다.

   소르 후아나에게 모든 학문은 신학이라는 '거룩한 정점'

↱ "from the moment I was first illuminated by the light of reason, my inclination toward letters has been so vehement, so overpowering, that not even the admonitions of others – and I have suffered many – nor my own meditations – and they have not been few – have been sufficient to cause me to forswear this natural impulse."
Sue-Ellen Case, *Feminism and Theatre* (Routledge, 2014), 39.

으로 이어지는 계단이었으며, 궁극적으로 하느님께 영광을 돌리는 수단이었습니다. 그러나 학문을 추구하는 여성에게 가해지는 시기와 박해가 신을 향한 소르 후아나의 종교적 열정을 방해했지요. 그중에서도 특히 교회가 강요하는 '거룩한 무지'의 압력이 가장 힘들었다고 소르 후아나는 편지를 통해 토로합니다.

대체 누가 여성의 사적, 개인적 공부를 금지했는가?
그들도 남자들처럼 이성적인 영혼을 가지고 있지 않은가?
그렇다면 그들이 교육으로부터 깨우침의 혜택을 누리지
못할 이유가 무어란 말인가? [중략] 어떤 신성한 계시가,
어떤 교회의 결단이, 어떤 이성의 명령이 우리에게 그토록
가혹한 법을 만들었는가?

편지에서 소르 후아나는 여성의 지적 능력을 무시하는

→ "But who has prohibited women private and individual studies? Do they not have a rational soul like men? Why should it then not enjoy within them the privilege of enlightenment in an education? Is it not as capable of earning God's glory and grace as yours? Why should it not be capable of such news and science, a trifle? What divine revelation, what determination of the Church, what dictate of reason made for us such a severe law?"
"Sor Juana (1648-1695)," Project Vox, Retrieved May 5 2023, https://projectvox.org/sor-juana-1648-1695

편견에 반박하기 위해 미네르바 여신, 니코스트라타, 히파티아, 파울라 성녀와 그의 딸 에우스토키움 등 수많은 여성 지식인들의 업적을 나열합니다. 이를 통해 그는 여성 교육의 합리성과 사회적 가치를 강조했으며, 여성도 남성과 마찬가지로 학문을 탐구하고 지식을 추구하는 것이 정당하다고 주장했지요.

다음으로 소르 후아나는 "여자들은 교회 안에서 잠자코 있어야 합니다"라는 사도 바오로의 말씀도 문맥에 맞게 해석해야 한다고 주장하며, 많은 글을 남긴 여성 성인들의 사례를 들었습니다. 그는 제르투르다, 아빌라의 데레사, 비르지타, 아그레다 등을 예로 들며, 비에이라 신부의 권위에도 불구하고 그의 의견이 신앙의 절대적 원리가 아닌 이상 이에 동의하지 않을 지적 자유가 누구에게나 있다고 강조했습니다.

마지막으로, 소르 후아나는 자신의 문학 활동, 특히 시 쓰기에 대한 비판에도 명확하게 대응했습니다. 그는 시가 사회에 해롭다는 주장에 정면으로 맞서며 시가 대체 어떤 방식으로 사회에 해악을 끼친다는 것인지 이해할 수 없다고 했습니다. 역사적 증거와 종교적 전통을 들어 시의 가치를 옹호했고, 진정한 문제는 시를 부적절하게 또는 악의적으로 활용하는 사람들에게 있다고 주장했습니다.

'답신'이라고도 불리는 이 반박문은 오늘날 소르 후아나의 대표 저술이자 여성의 교육권에 관한 역사상 가장 중요한 텍스트 중 하나로 꼽힙니다. 스페인 비평가 호세 마리아 데 코시오는 이 글을 "아메리카 여성의 지적 자유를 선언한 마그나 카르타(Magna Carta)"라고 평하기도 했지요. 「답신」은 소르 후아나가 17세기 남성 중심적 사회와 교회의 견고한 편견에 맞서 자신의 학문적 열정과 여정을 설명하고, 여성의 지적 자유를 옹호하며, 지식과 신앙의 조화를 추구한 용기 있는 선언문이었습니다.

그러나 소르 후아나는 이 고비를 넘지 못하고 결국 1693년에 이르러 글쓰기를 중단한 것으로 보입니다. 그가 학업을 영영 그만두었다는 확실한 증거는 발견되지 않았지만, 1694년 사천 권이 넘는 방대한 장서와 악기, 과학 도구 등을 모두 처분하였다는 기록이 남아 있지요. 17세기에 세파에 시달리며 살아갔던 소르 후아나는, 21세기인 오늘날에 자국인 멕시코에서 국보로 여겨집니다. 1995년 멕시코 의회는 '명예의 벽'에 금으로 소르 후아나의 이름을 새겼습니다. 멕시코 200페소 지폐와 1988년부터 1992년까지 발행한 1000페소 동전의 앞면에도 소르 후아나의 얼굴이 그려져 있습니다.

→ 소르 후아나 이네스 데 라 크루스, 앞의 책, 293쪽.
Chiara Frugoni, "The Imagined Woman," in History of Women in the West, *Volume II: Silences of the Middle Ages* (Belknap Press 1998), 407.

그러나 그가 남성 중심 사회의 거친 풍랑을 헤치고 21세기 멕시코의 국보로 자리매김하게 된 것은 결코 국가의 공이 아니었습니다. 오늘날 멕시코가 세기의 천재를 자랑할 수 있는 까닭은 다름 아닌 수녀원이라는 여성 학문의 굳건한 방벽이자 요람이 있었던 덕분입니다. "결혼과 일상의 욕망을 포기하고 기도와 명상을 선택한다면 수녀원 담장 안이야말로 여성에게 가장 이상적인 곳이었다. 남자들의 유혹으로부터 안전하며, 책을 읽고, 노래하고, 자기 능력을 발휘할 수 있는 곳이었다"라는 중세 연구가 키아라 프루고니(Chiara Frugoni, 1940~2022)의 말처럼, 소르 후아나가 일생에서 가장 행복했던 순간은 아마도 수녀원에서 안정적으로 공부할 수 있었던 짧은 시기였을 것입니다.

↳ 이은기 지음, 앞의 책, 41쪽.
Chiara Frugoni, "The Imagined Woman," in History of Women in the West, *Volume II: Silences of the Middle Ages* (Belknap Press 1998), 407.

3장

난공불락의 도시에 오신 것을 환영합니다

#14~15세기 #프랑스 #여성_논쟁 #크리스틴_드_피장 #여성들의_도시

→ 본 장은 아카넷에서 출간된 『여성들의 도시』의 번역과 해설을 근간으로 합니다.

여성 논쟁, 드랍 더 비트

지금으로부터 육백여 년 전, 백년전쟁의 혼란 속에서 동시대의 자매들을 지키는 '피난처'이자 그들의 '적들을 막아줄 성벽'이 되기를 기원하며 글을 남긴 여인이 있습니다. 『여성들의 도시 *Le Livre de la Cité des dames*』라는 거창한 이름이 붙은 이 작품의 저자 크리스틴 드 피장(Christine de Pizan, 1364~1430)은 글쓰기 외에 다른 생계 수단이 없던, 달리 말해 글쓰기만으로 생계를 꾸릴 수 있었던 중세 유일이자 프랑스 최초의 여성 전업 작가였지요. 물론 그 이전에도 여성 작가들이 없지는 않았습니다만, 남성 지배적이던 중세 유럽의 문학계에서 '직업적 여성 문필가'로서 활동한 예는 그가 최초인 것으로 여겨집니다.

크리스틴은 1364~1365년경 베네치아에서 태어났습니다. 그의 부모는 모두 이탈리아 출신으로, 아버지 토마소(Tommaso di Benvenuto da Pizzano)는 볼로냐 대학에서 의학 학위를 받고 점성학을 가르쳤습니다. 이후 그는 베네치아 공화국 정부에서 고문관으로 일하다가 결혼하였고, 크리스틴이 태어난 지 얼마 되지 않았을 때 프랑스 왕 샤를 5세에게 고용되어 파리에 정착합니다. 샤를 5세의 보호 아래 꽤나 풍족한 생활을 누리던 크리스틴은 1379년, 열다섯 혹은 열여섯의 나이에 열 살 연상인 에티엔(Etienne du

Castel)과 결혼합니다. 결혼 후 에티엔은 국왕 비서실에서 근무하였고, 그들 사이에 딸 하나와 아들 둘이 연달아 태어났습니다. 크리스틴은 결혼 생활에 매우 만족했던 것으로 보입니다. 그의 초기작에 해당하는 여러 시에 행복했던 결혼 생활에 대한 묘사가 남아 있습니다.

그러나 그들의 후원자였던 샤를 5세가 1380년 44세의 나이로 급사하면서 불행이 연달아 닥쳐옵니다. 물질적 지원이 끊기자 가세가 기울었고, 곤궁한 가운데 아버지 토마소마저 병으로 세상을 떠납니다. 남편 에티엔도 샤를 6세를 수행하여 파리를 떠났다가 여행지에서 갑작스럽게 전염병에 걸려 사망했고요. 크리스틴은 불과 스물다섯에 아이 셋을 둔 과부가 되고 맙니다. 게다가 남동생들이 아버지의 재산을 물려받기 위해 모두 고향으로 돌아갔기 때문에 졸지에 나이 든 어머니와 어린 조카딸까지 부양해야 했습니다. 당시 이런 형편에서 여성이 택할 수 있는 길은 많지 않았습니다. 수도원에 들어가면 제 몫의 거취는 해결되겠지만, 가족들은 뿔뿔이 흩어지겠지요. 재혼도 방법이었으나, 다시 결혼하지 않겠다는 크리스틴의 결심은 죽을 때까지 흔들리지 않았습니다.

가장이 된 젊은 과부에게는 온갖 시련이 닥쳤습니다. 당시 유럽 사회는 여성에게 매우 가혹했습니다. 남편이 남겨놓은 재산을 아내가 물려받는 데에도 많은 어려움이 따랐을 정도로 말입니다. 크리스틴은 과부를 노리고 접근해 오는 갖가지 사기꾼들을 물리쳐야 했을 뿐 아니라, 재산을 가로채려는 남편의 친척들과도 송사를 벌여야 했습니다. 게다가 재정 문제에 밝지 못했던 탓에 유산 상속과 관련된 각종 채권·채무 소송에 얽혀들었고, 남편의 체불된 급료를 받아내기 위해서 오래 투쟁해야 했습니다. 이 과정에서 겪은 서러움과 남편에 대한 그리움이 크리스틴의 초창기 문학 세계에 영감을 주었던 것으로 추정됩니다. 그렇게 탄생한 시들이 호응을 얻으면서 크리스틴은 차츰 능력을 인정받았습니다. 그리하여 샤를 6세의 동생인 루이 드 오를레앙의 궁정에 출입하게 되었고, 나중엔 샤를 6세의 삼촌인 부르고뉴 공작 필립에게 후원을 받게 됩니다.

훗날 서정시에서부터 정치 이론, 철학서, 종교서에 이르기까지 다양한 분야에 관해 수십 권의 저서를 남긴 크리스틴이 본격적으로 문필가로서 인정받게 된 계기는 바로 '장미 논쟁(Querelle de la Rose)'입니다. 이는 13세기에 쓰인 운문소설 『장미 이야기 Le Roman de la Rose』를 두고 벌어진 문학 논쟁을 가리키는 것으로, 이후에 이어진 일련의 '여성 논쟁(Querelle des femmes)'의 서막에 해당하는 사건이기에 문학사적으로나 여성사적으로나 매우 중요한 의미를 지닙니다. 그리고 이 문학 논쟁에서 크리스틴은 당대의 남성 사상가들과 맞서 싸운 주요 논객이자 여성을 위해 발언한 유일한 여성 작가로 떠오르게 됩니다.

1400년대 여성혐오자들의 베스트셀러

『장미 이야기』는 장미로 상징되는 여인의 사랑을 얻기 위한 일련의 모험을 그린 알레고리 작품입니다. 1230년경에 기욤 드 로리스(Guillaume de Lorris)가 미완성으로 남겨놓은 4,058행짜리 작품을 1268년에서 1285년 사이에 장 드 묑(Jean de Meun)이 1만 7,000행에서 1만 8,000행가량을 덧붙여 완성하였습니다. 『장미 이야기』는 14세기와 15세기 유럽에서 가장 많이 읽힌 책이자 중세 말기에 사랑에 대한 관념을 확립한 작품이라 여겨집니다. 요한 하위징어(Johan Huizinga)의 표현에 따르면 "2세기 동안 귀족들의 연애 방식을 지배했을 뿐 아니라 그 사상이 미치는 모든 분야에 영향을" 끼쳤지요. 그 대략적인 줄거리는 아래와 같습니다.

5월의 어느 이른 아침, 시인은 휘파람새와 종달새가
지저귀는 소리를 들으러 집을 나선다. 실개천을 따라

→ 요한 하위징아, 『중세의 가을』, 이종인 옮김, 연암서가, 2012, 162쪽.

발걸음을 옮기던 시인은 마침내 은밀히 꾸민 사랑의
정원이 있는 담벼락에 다다른다. 그곳에 그려진 온갖
그림, 증오·배신·천박·탐욕·질투·비애·노쇠·위선·가난은
궁정문화에 맞서는 반궁정적(anti-courtois) 이미지들이다.
같이 어울려 즐기던 친구 유한부인이 문을 열어
시인을 맞이한다. 그 안에서는 환희가 춤을 이끌고
있으며, 사랑의 신이 미의 손을 잡고 춤추는 원 안에는
부·선·솔직·예의·기쁨이 함께 춤추고 있다. 시인이 나르시스
샘터에서 장미꽃 봉오리에 마음을 빼앗기고 있을 때,
사랑의 신은 아름다움·솔직함·예의·동행·매력의 화살 다섯
개를 쏜다. 화살에 맞은 시인이 사랑의 신에게 신하의 예를
갖추자, 사랑의 신은 시인의 마음을 열쇠로 단단히 잠그고,
사랑의 규율·재앙·은혜를 이야기한다. 사랑의 은혜는 곧
희망·달콤한 생각·달콤한 말·달콤한 눈빛이었다.
예의의 아들인 환대가 시인을 장미에게로 이끈다. 그러자
장미의 호위병들인 위험·욕설·공포·수치가 다가와서 그를
내쫓는다. 여기서 소동이 시작된다. 이성이 높은 탑에서
내려와 사랑의 노예가 된 시인을 위로한다. 사랑도 시인을
위로하고, 비너스는 순결에 덫을 놓고, 솔직함과 연민은
시인을 환대에게 데려간다. 환대는 시인이 장미에게
입 맞추는 것을 허락하는데, 욕설이 고자질하여 질투가
달려와서, 장미의 주위를 옹골진 벽으로 둘러싼다. 환대는

탑에 갇히고, 위험과 그 무리가 문 곳곳을 지킨다. 기욤 드 로리스의 작품은 이 시인의 탄식 소리로 막을 내린다.

『장미 이야기』는 당시 프랑스 궁정에서 전성기를 누리고 있던 이른바 '궁정식 연애(courtly love)'를 묘사한 작품입니다. 궁정식 연애란 중세 유럽 대부분의 궁정 모임에서 음유 시 등으로 노래되었던 문학적 사랑 개념으로, 후일 유럽 전반의 사회 관습으로까지 발전한 사랑관입니다. '기사도적 사랑'이라는 이명을 지닐 정도로 낭만과 격식을 강조하는 것이 특징이지요. 그러나 장 드 묑은 이러한 원전에 궁정 연애를 조롱하고 사랑을 성욕과 이해관계가 걸린 대결로 묘사하는 내용을 덧붙였습니다.

장 드 묑이 덧붙인 제2부에서 주인공은 '사랑에 빠진 남자(Amant)'라 불리며 여성을 정복할 수 있는 속임수나 계략에 대한 조언을 듣습니다. 이때 '이성(Raison)'은 사랑을 서로 속고 속이는 냉혹한 승부의 세계로 묘사하며, 진심을 다해 연인을 사랑하는 것은 불행을 자초하는 일이니 그보다는 우정을 중시하라고 권하지요. 이 조언에 따르면 거짓을 말하며 쾌락을 취하는 남자들이야말로 가장 영리한 자

➜ 요한 하위징아, 앞의 책, 169~170쪽.
『장미 이야기』 가운데 기욤 드 로리스가 쓴 부분은 우리말로 번역되어 '장미와의 사랑 이야기'라는 제목으로 출간되었습니다.

들입니다. 속느니 먼저 속이는게 낫다는 것입니다.

'친구(Ami)' 또한 여성에 대한 악담을 늘어놓으며 주인공에게 사랑을 피하라고 권합니다. 그는 여성혐오적인 시로 유명한 고대 로마의 시인 데키무스 유니우스 유베날리스(Decimus Iunius Iuvenalis)를 인용하며 여성이란 성욕이 주체할 길 없이 강한 데다 감언이설과 유혹에도 약하기 때문에 여성과 결혼하는 남자는 그의 행실 때문에 필히 불행해진다고 이야기합니다.

그리고 '천재(Genius)'는 '친구'의 주장을 뒷받침합니다. 여성이란 태생적으로 비밀을 지키지 못해서 남자들을 죽음의 위험으로 몰아넣는다는 것이지요. 그러나 그렇다고 하여 여성을 모두 잡아 죽여서도 안 됩니다. 여성이 없으면 남자들도 생식이 불가능해지거나 성욕을 해소하지 못하게 되는 등 갖가지 손해를 보기 때문입니다. 그래서 천재는 여성들이 '힘'을 행사하지 못하도록 조심하면서 딱 죽지 않을 만큼만 보살피라고 조언합니다.

장 드 묑의 『장미 이야기』는 주인공이 결국 천재의 도움을 받아 성에 불을 지르고 그 안에 있는 장미를 꺾는 것으로 마무리됩니다. 그 과정에서 여성을 일관되게 그릇되고 사악한 존재로 묘사함으로써 남성이 폭력적인 방식으로 여성을 정복하는 행위를 정당화하지요.

크리스틴은 논쟁이 본격적으로 시작하기 전부터 이미

『장미 이야기』에 반감을 지니고 있었습니다. 1399년에 발표한 『사랑의 신에게 보내는 서한 *Epistre au Dieu d'Amours*』이 그 증거입니다. 총 826행으로 된 이 시는 사랑의 신 큐피드가 자신의 궁정에 탄원한 여성들에게 답하는 형식을 띠고 있는데요, 여기서 여성들의 탄원 내용은 크게 두 갈래로 나뉩니다. 하나는 많은 남성이 사랑을 빙자한 속임수로 자신들을 기만하거나 이용한다는 것, 또 하나는 그들이 여성을 깎아내리는 글을 무수히 많이 남긴다는 것이었습니다. 크리스틴은 후자의 예시로 고대 로마의 시인 오비디우스(Ovidius)와 장 드 묑을 들면서, 여성이 직접 여성에 관해 집필한 책이 너무도 적기 때문에 이러한 글들이 더욱 활개를 치는 것이라고 이야기합니다. 한마디로 남자들은 여성에 관해 무엇이든 이야기할 기회가 있는데, 정작 당사자인 여성들은 그렇지 못하다는 점이 문제의 근원이라는 것입니다.

그리고 같은 시에서 크리스틴은 아주 간단하게 장 드 묑의 주장을 논박합니다. 『장미 이야기』는 장미로 대표되는 한 여성의 마음을 얻기 위해 온갖 술수를 동원하는 이야기인데, 여성이 그렇게 악하고 음탕한 존재라면 어째서 그를 정복하기 위해 수많은 전략이 필요하냐는 것입니다. 여성

→ 여성들의 도시, 455쪽.

들을 헤프다고 비난하면서 그들의 마음을 쟁취하기란 어렵다고 묘사하니, 크리스틴의 눈에 이와 같은 서술은 모순 그 자체로 비쳤습니다.

곧 크리스틴은 부르고뉴 공국의 제후를 포함한 여러 귀족과 함께 '사랑의 궁정(Court Amoureuse)'이라는 협회를 발족합니다. 이 협회는 크리스틴의 주도 아래 『장미 이야기』를 비판했고, 이후 알랑 샤르티에의 시 「자비심이 없는 미녀 *La Belle Dame Sans Merci*」에 대해서도 유사한 문학적 논쟁을 벌였습니다. 그런데 1401년경, 프랑스 최초의 인문주의자 중 한 명으로 꼽히는 장 드 몽트뢰유(Jean de Montreuil)가 느닷없이 동료 문사들과 함께 『장미 이야기』를 칭찬하는 글을 씁니다. 장미 논쟁의 시발점이 되어놓고는 사라져, 오늘날에는 전해지지 않는 글이지요. 이에 크리스틴은 장 드 몽트뢰유에게 『장미 이야기』의 여성혐오적 태도가 젊은 남성들에게 미칠 악영향을 우려하는 반박 편지를 보냅니다. 이렇게 시작된 유럽 문학사 최초의 여성주의 논쟁은 서른 통가량의 문건을 남기면서 약 사 년간 계속되었습니다.

장 드 몽트뢰유는 크리스틴의 비판에 직접 답하기를 피하고 『장미 이야기』를 자신에게 추천했던 공티에 콜

→ 여성들의 도시, 456쪽.

(Gonthier Col)에게 떠넘깁니다. 그리하여 공티에 콜이 크리스틴에게 보낸 편지는 '일개 아녀자가 장 드 묑 같은 위대한 작가에게 대들다니 건방지다'며 꾸짖는 훈계로 가득했지요. 크리스틴은 "논지 자체의 옳고 그름이 아니라 자신이 여자라는 이유로 승복시키려 하는 태도"는 받아들일 수 없다고 반격하며, 그간의 편지들을 묶어 간략한 경위와 함께 이자보 왕비(Isabeau de Bavière, 1370~1435)에게 제출합니다. 이로써 논쟁은 일단락되는 듯 보였으나, 1402년 5월 파리 대학 총장 장 제르송(Jean Gerson)이 『장미 이야기』를 비판하는 알레고리 작품을 발표하면서 또다시 새로운 국면에 접어들었습니다. 공티에 콜의 동생인 피에르 콜이 또다시 크리스틴에게 길고 긴 훈계조의 서한을 보내 왔고, 크리스틴은 이에 답하면서 더 이상 논쟁에 참여하지 않겠다는 의사를 표명합니다.

일련의 논쟁 과정에서 공티에 콜을 비롯한 『장미 이야기』의 옹호자들은 '단순히 좋은 책을 발견해서 칭찬해본 것'이라고 말하거나 『장미 이야기』의 여성 비하적인 발언들은 '어디까지나 알레고리의 일부일 뿐 장 드 묑 그 자신은 여성을 비하한 적이 없다'고 말하는 식으로 여성 비하

→ 여성들의 도시, 457쪽.
→→ 여성들의 도시, 459~460쪽.

라는 크리스틴의 문제 제기 자체를 묵살하려 들었습니다. 동시에 그들은 여성인 크리스틴을 대등한 논쟁 상대로 인정하지 않고 시종일관 훈계하는 투로 일관하며 무시하고 얕잡아 보았지요. 심지어 장 드 몽트뢰유는 공티에 콜에게 보내는 편지에서 크리스틴을 가리켜 "철학자 테오프라토스에게 맞서는 글을 썼던 그리스 창녀 레온티온" 같다고까지 하였습니다. 여성을 대등한 논쟁 상대로 인정하지 않는 태도, 여성의 지성을 무시하고 문제를 묵살하려 드는 언사, 여성을 향한 유구하고도 전형적인 모욕까지. 여성혐오의 역사적 실례로서 이들은 일찍이 그랜드슬램을 달성한 셈입니다.

논쟁이 끝날 무렵 크리스틴이 발표한 650행의 작품 『장미 담언 Dit de la Rose』은 여성 비하에 대한 항의를 운문화한 것으로, 충실(Loyauté)의 여신이 나타나 여성의 명예를 수호하는 장미 기사단(Ordre de la Rose)을 창설한다는 이야기를 담고 있습니다. 이 시에서 여신은 '여성에 대한 비하와 폄훼를 종식시키기 위해' 장미 기사단을 창설한다고 밝힙니다. 크리스틴은 이 말을 받아 자신이 여신의 뜻을 널리 전파하고 여성의 명예를 수호하는 임무를 맡았다고

→ 여성들의 도시, 461쪽.

선언합니다.⁺ 이처럼 '여성을 위해 글을 쓰는 것'은 크리스틴에게 평생의 사명과도 같았습니다. 크리스틴은 이 숙명에 따라 1405년, 『여성들의 도시』를 집필합니다.

여성은 도시를 부수고 창조한다

지금으로부터 육백여 년 전인 1405년경, 프랑스어 시를 읽던 크리스틴은 책을 덮고 한탄합니다.

장미 논쟁이 끝난 지 얼마나 되었다고 또 이런 비난이란 말인가!⁺⁺

크리스틴을 낙심케 한 문제의 시는 『마테올루스의 탄식의 서 Liber Lamentationum Matheoluli』(1290)입니다. 저자인 마테올루스는 일명 '중혼자 마티외(Mathieu le Bigame)'라 알려진 마티외 드 불로뉴(Mathieu de Boulogne)입니다. 이 자전적인 작품에서 그는 오를레앙에서 법학과 논리학을 육 년이나 공부하고 성직자가 되었는데, 한 과부와 사

⁺ 여성들의 도시, 463쪽.
⁺⁺ 숙녀들의 도시, 7쪽.

랑에 빠져 교회법을 어기고 혼인하는 바람에 장래를 망쳤다고 합니다. 교회법은 서품을 받지 않은 하급 성직자 외에는 결혼할 수 없다고 규정하는데, 더구나 그는 과부와 결혼했기 때문에 중혼자로 취급받았다는 것입니다. 그런데 막상 결혼해보니 아내란 성직을 희생해가면서까지 얻을 만한 것이 못 된다며 아내에 대한 비난을 쏟아낸 것이 '탄식의 서'입니다. 오천여 행으로 된 이 라틴어 운문 작품은 발표 당시에는 그다지 호응을 얻지 못했으나, 1370년경 장 르 페브르(Jean Le Févre)에 의해 프랑스어로 번역되면서 큰 인기를 누렸습니다.

크리스틴은 수년에 걸친 장미 논쟁으로 이미 지칠 대로 지쳐 있었습니다. 그런 중 이 작품이 인기를 끄는 것을 보고 유럽 전역에 여성에 대한 혐오가 너무도 널리 퍼져 있음을 재차 확인하지요. 마테올루스 같은 시원찮은 작가 한 명이야 무시해버리면 그만이었습니다만, 유명한 성직자와 철학자들을 비롯한 남성 대부분이 이에 동의한다는 사실은 결코 얕볼 수 없었습니다. 장미 논쟁에서도 마찬가지였습니다. 『장미 이야기』를 옹호하는 자들 가운데엔 한량 같은 도련님들도 있었지만 어디까지나 일부에 불과했고, 대부분은 성직자같이 '점잖은 사람들'이었기 때문입니다.

→ 여성들의 도시, 465쪽.

도대체, 문사이건 아니건 간에, 그렇듯 뭇 남성들이 말로나 글로나 여성들에 대한 험담을 일삼고 여성들의 행실을 비난하는 이유가 무엇인지 의아한 일이었다. 그저 한두 사람만이, 이렇다 할 권위도 없고 한갓 농지거리에 불과한 이 마테올루스의 책만이 그러는 것이 아니었다. 대체로 모든 책에서, 일일이 꼽을 수도 없을 만큼 많은 철학자며 시인, 웅변가들이 한결같이, 여성은 악에 치우치기 쉬우며 온갖 악덕으로 가득 차 있다는 유사한 결론에 이르고 있었다.

나는 그런 주장들을 곰곰이 되새기며, 나도 여자인 바 나 자신과 내 품행을 반성해보았다. 또한 내가 아는 다른 여성들, 왕녀나 귀부인들뿐 아니라 중류 및 하류 계층의 여성들 가운데 내게 깊은 속내를 털어놓은 적이 있는 이들에 대해서도 생각해보았다. 그토록 많은 유명인사들이 너도나도 여성에 대해 말한 것이 과연 옳은지 편견 없이 공정하게 가려보고 싶었다. 하지만 나로서는, 어떤 시각에서 보아도, 아무리 되새겨보아도, 여성의 본성과 행실에 대한 그런 부정적인 판단이 옳다고는 납득할 수도

→ 여성들의 도시, 21쪽.

인정할 수도 없었다.

그렇지만 그토록 고매한 지성을 갖추고 매사를 꿰뚫어보는 학자들이 그토록 무수히 틀린 말을 했을 리는 없을 터이니, 여성들에 대한 비우호적인 시각을 받아들여야만 했다. 저자가 누구이든 간에, 끝까지 다 읽어보지 않더라도, 여성을 공격하는 내용이 한 장도 한 절도 없는 책이라고는 눈 씻고 찾아보기 어려울 정도이니 말이다. 이 한 가지 근거만으로도, 그 모든 비난이 옳으리라는 결론을 내리기에 충분했다. 비록 내 단순 무지한 마음은 여전히 내가 모든 여성과 공유하고 있다는 그런 결함들을 인정할 수 없었지만 말이다. 요컨대, 나는 내가 여자로서 몸소 느끼고 아는 것보다는 남들의 판단을 따르기로 한 것이었다.

 이와 같은 치열한 고민 끝에 크리스틴은 다시 한 번 여성에 관해 글을 쓰기로 결심하니, 그 결과물이 바로 『여성들의 도시』입니다.
 『여성들의 도시』는 이렇게 시작합니다. 화자인 '크리스틴'은 '여성을 좋게 말한 책'이라는 소문을 듣고 한 책을 집

→ 여성들의 도시, 22쪽.
→→ 여성들의 도시, 22~23쪽.

어둡니다. 그러나 뜻밖에 여성을 비방하는 내용만이 가득해 크게 실망하고 말지요. 그때 세 부인 '이성' '공정' '정의'가 천상에서 내려와 그를 위로하며 무방비하게 공격당하는 여성들을 위해 도시[城]를 지으라고 명합니다. 그들은 크리스틴을 "문예의 들판"으로 데려가 그가 "질문의 곡괭이"로 땅을 파내고 "펜이라는 흙손"을 들고서 "차지고 부서지지 않을 회반죽"으로 "크고 아름다운 돌"을 쌓을 수 있도록 도와줍니다.

이 같은 서두는 작품의 전체적인 설계 및 구성을 보여줍니다. 우선 천상에서 온 세 여신이 크리스틴에게 여성들을 위한 도시를 지으라고 명하는 것은 일방적인 혐오로부터 여성들을 변호하겠다는 작품의 목적의식을 가리킵니다. 또한 이성, 공정, 정의의 여신들이 돕는다는 것은 상호 간의 의견 대립으로 끝났던 장미 논쟁과는 다르게 이 글은 '진리'를 밝히는 방식으로 나아가겠다는 접근법을 나타냅니다. 그리고 그런 작업이 '문예의 들판'에서 이루어진다는 것은 이 작품의 바탕과 배경에 기존 문헌들이 있으며, 그가 앞으로 기존 문헌들을 활용하는 방식으로 논의를 전개해 나갈 것임을 보여줍니다. 한마디로 『여성들의 도시』는 학술적 글쓰기의 필요 조건인 연구 목표, 접근법, 방법

→ 여성들의 도시, 463~464쪽.

론 및 문헌 연구를 중세의 방식으로 모두 밝히고 있는 것입니다.

방법론 면에서 크리스틴은 신화적 여성 인물들과 여러 역사적 사례, 자신의 경험으로 여성을 향한 편견이 사실이 아니라는 근거를 제시합니다. 가령 그는 여성의 창조적 능력을 보여주는 예로 화가이던 자신의 친구를, 딸의 교육에 헌신적이었던 남성의 사례로 자기 아버지와 아버지의 옛 직장 동료를 들었습니다. 실존 인물의 사례를 근거로 삼은 것입니다.

내용 구성 면에서 『여성들의 도시』는 단테의 『신곡 *La Divina Commedia*』과 구조가 유사합니다. 제1부에서는 이성의 지시에 따라 도시의 외벽을 쌓고, 제2부에서는 공정의 지시대로 도시 안에 건물을 짓고, 제3부에서는 정의의 도움을 받아 지붕과 첨탑들을 올립니다. 이때 각 인물의 사례는 연대순이 아닌 논점 순서로 배열되는데, 제1부에서는 주로 여성의 능력과 자질을, 제2부에서는 여성의 도덕성과 미덕을 다루며, 제3부에서는 성녀들에 관해 이야기합니다.

이 가운데 가장 유명한 내용은 대체로 제1부에 있습니다. 우선 이성의 여신이 등장해 크리스틴에게 깨우침을 주

→ 여성들의 도시, 469쪽.

는 장면입니다. 이성은 크리스틴에게 묻습니다. 어째서 기존 사상가들을 의심하지 않느냐고요. 이성은 일명 '철학의 왕'이라 불리는 아리스토텔레스의 사상조차도 아우구스티누스에게 지적받지 않았느냐며, 크리스틴을 꾸짖습니다. 그러면서 권위에 굴복하지 말고 자기 자신의 지성과 판단력을 되찾을 것을 촉구합니다.

너는 네가 확실히 알고 또 진실이라 믿는 것을 버리고, 그저 다른 많은 사람들이 그 반대 의견을 주장한다는 이유만으로 네가 알지도 보지도 못하는 것을 택하려 하는 것이지. [중략] 너는 철학자들의 견해를 마치 반박할 수 없는 금과옥조처럼 믿는 것만 같구나.

또 다른 유명한 장면은 『여성들의 도시』에서 가장 널리 알려진, 여자들이 남자들보다 학식이 뒤처지는 이유에 대한 이야기입니다.

딸아, 그건 전에도 말했듯이, 남자들이 하게끔 맡겨진 일에 여자들이 끼어드는 것이 사회에 필요하지 않기 때문이야. 여자들은 자기들에게 맡겨진 일상적인 임무를 수행하는

→ 여성들의 도시, 26~27쪽.

것으로 충분하거든. 경험으로부터 판단하여 여자들이
대체로 남자들보다 아는 것이 적다는 사실로부터 여자들의
지성이 떨어진다고 하는 데 대해서는, 외딴 시골이나
산골에 사는 남자들을 생각해보렴. 상당히 많은 지방의
주민들이 단순무지하여 짐승이나 다름없는 것을 보게
되겠지. 하지만 그렇다고 해서 자연이 그들에게 도시에
사는 더 현명하고 박식한 사람들에게만큼이나 신체와 지성
면에서 모든 것을 갖춰주었다는 것을 의심할 수는 없겠지.
그 모든 것은 그저 배우지 못한 데서 오는 것이거든. 남녀를
불문하고, 어떤 이들이 다른 이들보다 더 나은 지성을
갖기는 하지만 말이야.→

만일 소녀들을 학교에 보내 소년들을 가르치듯이
체계적으로 학문을 가르친다면, 소녀들도 소년들만큼이나
온갖 어려운 기술과 학문을 배우고 이해하게 될 거야.→→

   크리스틴은 남성들에 비하여 여성들의 학식이 떨어지는 이유로 경험과 교육, 기회의 부족을 꼽습니다. 이것들은 선천적인 이유가 아니라, 후천적인 이유이지요. 계몽주

→ 여성들의 도시, 120~121쪽.
→→ 여성들의 도시, 120쪽.

의도 구조주의도 등장하기 이전인 중세에 오로지 관찰과 성찰만으로 이러한 결론을 도출해냈다는 점은 『여성들의 도시』를 가능케 한 크리스틴의 역량이 어느 정도였는가를 역력히 보여줍니다.

여성주의인가 아닌가, 그것이 문제로다

『여성들의 도시』는 크리스틴의 동시대인들 사이에서 큰 인기를 누렸습니다. 15세기 중엽에 있었던 '여성 논쟁'의 참여자 중 하나인 마르탱 르 프랑(Martin le Franc)은 『여성들의 도시』에서 영감을 얻어 『여성들의 옹호자 Champion des Dames』를 집필한 뒤, 장 하나를 통째로 크리스틴에게 바치기도 했습니다. 16세기에도 장 마로, 클레망 마로 등의 시인들이 크리스틴을 찬양했고, 피에르 드 레노드리는 1523년 작 『결혼 예찬 Louenge de mariage』에서 『여성들의 도시』를 추천하는가 하면, 장 부셰는 크리스틴을 고대 이후의 위대한 여성 중 하나로 꼽았지요. 그밖에도 작자 미상의 작품이나 외국 작품들에 이르기까지, 크리스틴의 발자취는 곳곳에서 발견됩니다. 중세를 통틀어 크리스틴만

↳ 여성들의 도시, 477~478쪽.

큼 많은 작품을 남긴 작가는 몇 되지 않으니, 이는 어쩌면 당연한 일일지도 모르겠습니다.

그러나 16세기 이후부터는 크리스틴에 대한 언급이 차츰 사라집니다. 17세기로 넘어가면 그 이름을 들어본 이가 드물어지지요. 1786년에 루이즈 드 케랄리오(Louise-Félicité de Kéralio)가 열네 권짜리 프랑스 여성 작가 선집을 펴내면서 크리스틴의 저작을 발췌했으나 그뿐이었습니다. 이후 19세기에 이르러서는 사회 전반에 퍼져 있던 여성혐오에 힘입어 여성의 작품을 고전의 반열에 들일 수 없다는 분위기가 형성되었고, 본격적으로 크리스틴의 업적을 폄훼하기 시작합니다. 불문학사를 연구한 대부분의 문헌이 크리스틴을 언급하길 피했고, 언급하더라도 여성주의와 무관한 작품들만을 골라내면서 그를 이류, 삼류 작가로 치부하였지요. 1894년 귀스타브 랑송(Gustave Lanson)은 크리스틴을 "블루 스타킹이자 도저히 봐줄 수 없는 여성 작가군의 시조"라고 공개적으로 비난하기까지 하였습니다. 심지어 크리스틴의 작품을 출판할 때 여성주의의 흔적을 없애기 위해 텍스트를 수정하거나, 남성 작가의 작품이라고 왜곡하는 경우도 있었습니다.

━ 여성들의 도시, 478쪽.
━━ 숙녀들의 도시, 13쪽.

크리스틴이 다시 주목받기 시작한 것은 1970년대 이후입니다. 1982년 미국에서 『여성들의 도시』의 영역판이, 1986년에 현대 프랑스어 번역판이 출간된 것을 시작으로 크리스틴은 중세를 대표하는 작가 중 한 명이자 여성 문학과 여성사 및 여성주의 철학에서 주요한 업적을 남긴 인물로 인정받게 됩니다. 그중에서도 『여성들의 도시』는 불문학과 여성사를 연구함에 있어 필수로 읽어야 할 정전으로 발돋움했지요. 그러나 크리스틴에 대한 여성주의적 평가는 여전히 엇갈립니다. 『여성들의 도시』는 흔히 페미니즘의 선봉으로 손꼽히는 메리 울스턴크래프트(Mary Wollstonecraft, 1759~1797)의 『여권의 옹호 *A Vindication of the Rights of Woman*』(1792)보다 거의 4세기를 앞선 여성주의 문학의 효시로 거론되곤 하지만, 그 한계 또한 꾸준히 지적받고 있기 때문입니다.

『여성들의 도시』가 체제 순응적인 작품이라는 비판에는 일리가 있습니다. 예를 들어 그는 아내가 남편에게 충실히 복종하는 것이 이상적인 결혼 생활이라는 가부장적 사고방식에 저항하지 않았습니다. 여성들에게도 교육받을 기회가 주어져야 한다고 주장하면서도, 동시에 교육이 가사의 의무를 수행하고 가정을 꾸려 나가는 데에 도움이 된다

⇥ 여성들의 도시, 479쪽.

고 강조했습니다. 또 가정을 지키는 것이 여성의 역할이라고 생각했을 뿐 아니라, 남성과 여성에게는 신이 규정한 각각의 활동 영역이 있다고 보았지요. 사회와 가정 내에 존재하던 전통적 성별 위계를 환영하고 이를 어기는 것을 죄악시한 것입니다. 이처럼 크리스틴은 『여성들의 도시』를 통해 성평등을 주장하지 않았습니다. 단지 여성들에게 가해지는 여러 비난을 반박하고 여성에 대한 사회적 인식을 개선하려 했을 뿐이었지요.↱

그러나 동시에 그는 당시 사회의 여성혐오에 고통스러워하고 분노했으며 침묵으로 참아내기를 거부했습니다. 또한 자신을 개인적으로 방어하는 데에 그치지 않고 모든 여성의 삶에 관심을 기울이며 그것이 어떻게 개선될 수 있는지 숙고했지요. 그는 사회가, 그리고 여성들 자신이 여성을 유혹과 악의 원천이자 변덕스럽고 무능한 존재, 남성과 같은 사회 구성원이 아닌 노예나 다름없는 존재로 받아들이는 것을 용납하지 않았습니다. 크리스틴이 맞서 싸운 것은 단순히 당시 베스트셀러였던 여성혐오 서적 몇 권이 아닙니다. 오랜 세월을 두고 내려온 유구한 여성혐오 담론, 사회에 만연해 있던 차별적인 여성관 전체였고, 이에 저항함으로써 그는 한 명의 인격체로서의 자기 자신을 되

↱ 여성들의 도시, 479쪽.

찾으려 한 것입니다.

『여성들의 도시』 결론부에서 마침내 도시를 완성한 크리스틴은 이곳이 여성들의 "피난처일 뿐 아니라 원수의 공격에서 지켜줄 요새"가 될 것이라고 강조합니다. 일찍이 『장미 이야기』의 장미가 다가오는 위협 앞에 얼마나 무방비했던가를 상기한다면, 이 든든한 요새의 의미가 사뭇 다르게 다가오지요. 그리고 이 도시가 비춰주는 여성의 모습은 찬란하기 그지없으니, 크리스틴은 자기 확신 어린 이 모습이야말로 여성들을 어떠한 비난이나 공격에서도 지켜줄 것이라고 굳게 믿었습니다.

→ 여성들의 도시, 439쪽.

4장
잃어버린 르네상스를 찾아서

#12세기_르네상스 #궁정_문학 #마리_드_프랑스
#16~17세기 #영국_르네상스 #엘리자베스_케리 #애프러_벤

서유럽에서 12세기는 중세학자인 C. H. 해스킨스(Charles Homer Haskins)가 "12세기 르네상스"라 명명했을 정도로 의미가 큽니다. 대내외적으로 평화와 안정이 이어지면서 생활수준이 향상되었고, 여가 시간도 더 많아져 사람들이 무도회, 음악회, 시 낭송회 등 다양한 사교 활동에 참여하게 되었거든요. 귀족들은 사교 활동의 흥을 돋우고 부와 영향력을 과시하기 위해 각지의 예술가들을 '궁정'으로 초청했습니다. 이들 중 음유시인(troubadour)이나 문인들은 문학적 재능을 마음껏 발휘하여 궁정을 유럽 문화의 중심지로 탈바꿈시켰는데요, 이것은 곧 "궁정 문학(courtly literature)"의 발달로 이어집니다.

궁정 문학은 크게 서정시, 기사도 로망스(chivalric romances), 짧고 함축적인 서사시를 가리키는 래(lai) 등으로 구분되는데, 모두 궁정을 배경으로 펼쳐지는 사랑 이야기, 즉 '궁정 연애 혹은 궁정식 사랑(L'amour courtois)'을 다룬다는 공통점을 지닙니다. 많은 역사가들이 이 점에서 궁정 문학을 여성을 중심에 두는 문학의 전형으로 평가하기도 합니다. 여성에 대한 남성의 헌신을 고귀한 미덕으로 그렸기 때문입니다. 이러한 궁정식 사랑의 이상은 남부 프랑스의 음유시인들을 통해 12세기 후반 서유럽 전역으로 전파되었고, 당시 상류사회의 이상적인 남성상에 큰 영향을 미쳤습니다. 단순한 문학적 현상을 넘어 서유럽 상류사회의 행동 양식을 규정하는 문화 규범으로 발전했으며, 특히 여성에 대한 존중과 예의를 강조하는 독특한 사회적 관습으로 자리 잡았지요.

그러나 동시에 궁정 문학 속에서 사랑은 비극적으로 그려집니다. 대표적인 래 작가 마리 드 프랑스(Marie de France, 1160~1215)의 작품에 그 비극성이 잘 드러납니다. 그의 작품에는 원치 않는 결혼으로 불행에 빠지거나 사랑하는 이와 결혼하지 못해 고통받는 여인들의 이야기가 다수 등장합니다. 질투심 많은 아버지에 의해 결혼을 금지당하는가 하면, 끔찍한 결혼을 강요받기도 합니다. 혹은 보호자가 사망한 뒤 친척에게 넘겨져 불행한 결혼을 하기도 하지요.

그런데 '12세기 르네상스'라 불렸을 정도로 찬란했던 문화 부흥기에 사랑은 어째서 비극이 되었을까요? 여성을 숭

배하고 존중하는 경향과 비극적인 여성의 삶이 한자리에 공존하는 이 괴리는 도대체 어디서 유래했을까요? 이 시기의 문화적 발전이 과연 여성들에게도 진정한 르네상스였는가 의문한다는 점에서, 이 질문은 르네상스 역사가 조안 켈리(Joan Kelly, 1928~1982)가 그의 유명한 저술 「여성에게 르네상스가 있었는가?*Did Women Have a Renaissance?*」(1976)에서 던진 문제적 논제와 맥을 같이 합니다.

땅에 묶고 가둔다면
사랑도 묶인 채, 결혼도 묶인 채

중세 유럽 사회에서 봉건 귀족의 힘과 권력은 땅으로부터 나왔습니다. 토지를 소유한 '지주'들이었기 때문에 땅을 관리하며 부를 쌓고 그 안에서 권력을 누릴 수 있었지요. 자연스레 영주들끼리 땅을 빼앗기 위해 서로 전쟁을 벌이는 경우도 흔했습니다. 이 속칭 '영지전'은 꽤나 치열하여 영주가 잠시 출타한 동안에도 거리낌 없이 침공할 정도였는데요, 따라서 영주들은 수성을 위해 군사력을 상비해야 했습니다. 이러한 이유로 중세 초에는 대부분의 영주들이 보병과 궁병, 기병을 거느리고 그에 상응하는 병기를 갖추고 있었지요.

그렇다면 전쟁이 일어나 자리를 비우게 된 영주는 도대체 누구를 믿고 영지를 맡길 수 있었을까요? 단순히 빈 자리를 대신해줄 사람이 필요한 거라면 가신들로도 충분할 테지만, 전쟁은 필연적으로 생사를 넘나들게 되는 곳입니다. 영주가 전장에서 포로로 붙잡힌다면 누가 영지에서 소작료를 거두어 석방금을 마련할 것이며, 영주가 사망할 경우 누가 그의 유언을 집행하고 후계자를 키울 수 있었을까요? 심지어 또 다른 적이 영주의 부재를 노리고 얍삽하게 공격해 올 수도 있었습니다. 이럴 때 누가 남아 있는 기사들을 지휘하여 성을 지켜낼 수 있었을까요?

중세 유럽 사회가 귀족 여성에게 영지를 상속하고 관리할 자격을 허락한 것은 결국 이런 현실적인 이유 때문이었습니다. 쉽게 말해, 귀부인을 영주의 업무를 분담할 수 있는 '대리자' 혹은 '동업자'로 삼은 것이지요. 비록 남편의 이름을 빌린 것이었지만, 남편이 자리를 비운 동안 귀부인들은 엄연히 자신이 속한 땅의 영주였습니다. 그들은 궁정을 주재하고 장원을 보살피는 업무를 수행할 뿐 아니라, 지주로서의 권력 또한 행사했습니다. 자신의 땅에서 노동하는 주민들과 남편의 가신들 모두에 대해서 말입니다.

1405년에 쓰인 크리스틴 드 피장의 『세 미덕의 책 *Le Livre des trois vertus*』은 당대 귀부인들에게 요구되었던 '직무'를 자세히 열거합니다. 우선 귀부인들은 언제든 영주의 역할을 대행할 준비가 되어 있어야 했습니다. 크리스틴은 그 이유를 "기사, 향반, 신사는 전쟁에 참가하기 위해 먼 길을 떠나기 때문에 아내는 가정의 일을 현명하면서도 명확하게 관리해야 한다. 아내들은 궁정이나 그 외 일로 출타한 남편의 도움 없이도 집안을 꾸려 나가야 하기 때문이다"라고 설명하지요. 따라서 중세 유럽의 귀부인들은 토지법과 봉건법을 숙지하는 등 법리적 지식은 물론, 영지의 관리인들을 감독하기 위한 인사 능력과 영지를 경영하고 비용 지출을 계획할 재무 능력까지 갖춰야 했습니다.

남편이 부재하는 이례적인 상황이 아니어도 아내들이 책임을 감당해야 하는 경우는 많았습니다. 대가족의 가계 경영 자체가 워낙에 커다란 부담이었으니까요. 가계 경영은 시대를 막론하고 늘 고도의 능력을 요하는 일이지만, 산업혁명 이전을 살던 귀부인들의 업무 규모는 오늘날보다도 광범위했습니다. 고용인들에게 생필품을 제공하고 궁정의 많은 손님들을 접대해야 했는데 대량 생산품이라는 것이 없는 시기였으니 빵, 치즈, 버터, 술, 옷감과 같은 물건을 모두 영지 내에서 자급자족해야 했기 때문입니다. 우리는 중세의 귀부인들이 화려한 성에서 한가로이 시간을 보냈을 것이라고 생각하지만, 사실 이들은 농장과 과

→ 중세의 여인들, 84쪽.

수원을 관리하고 제빵실, 양조장, 목축장 등에서 식재료를 생산했습니다. 시장에서 필요한 자재를 구입하고 집안에서 나온 잉여 생산품을 판매, 유통하기까지 했습니다. 중세의 장원은 오늘날로 치자면 작은 기업이나 다름없었고 귀부인들은 그곳의 실질적 경영자였던 셈입니다. 이를 두고 중세 연구가 아일린 파워(Eileen Power, 1889~1940)는 이렇게 묘사했습니다.

이론적으로는, 사랑의 유희를 벌이고, 비단 옷에 장식을 하고, 장기 게임이나 즐기는 낭만적이고 사랑스럽고 변덕스러운 기사도 속의 숙녀가 존재한다. 그러나 실제는 아주 달랐다. 열심히 일하는 아내, 적수들이 만만하게 대하지 못하는 여성이 있을 뿐이었다.

   중세에 끊임없는 전쟁은 다른 방면에서도 여성의 경제활동을 증가시키는 결정적인 요인으로 작용했습니다. 중세 귀족 여성들은 토지를 직접 소유할 수 있었는데, 이들에게 토지가 이전되는 주요 사유는 남성들의 전사였습니다. 12세기와 13세기에는 주로 십자군 원정에서 많은 남성이 사망하였습니다. 하지만 비단 그게 아니더라도 귀족

→ 중세의 여인들, 84쪽.

남성들이 자연사하지 못하는 사유는 다양했기에 여성이 영지를 물려받는 경우가 결코 드물지 않았습니다. 1350년부터 1500년 사이 잉글랜드 귀족 남성의 25퍼센트가 전쟁, 무술시합, 내전 중 처형 등으로 40세 이전에 사망했다는 기록이 당시의 정황을 잘 보여주지요.

남편이 사망하였을 때 여성들은 과부산의 권리를 통해 남편 재산의 일부를 물려받을 수 있었습니다. 과부산은 사별 여성과 남은 가족의 생계를 위해 보장되는 재산권입니다. 통상적으로 결혼하면서 남편 소유 토지의 약 3분의 1을 과부산으로 지정하고, 남편 사망 후 상속자에게 자신이 약속받았던 몫을 청구하는 식이었지요. 이렇게 획득한 토지가 여성들에게 경제적으로 자립할 기회를 마련해주었으며, 재혼할 때도 유리하게 작용했습니다. 토지를 소유한 여성들은 촌락회의와 장원법정에 참여할 수 있는 발언권을 얻었고, 때로는 계급이 낮은 남자나 봉토가 없는 남자보다 더 큰 사회적 위상을 보장받을 수 있었습니다.

그러나 한편으로는 봉건적 계산 아래 지주 여성들의 삶을 그들이 소유한 땅에 종속시키는 결과를 낳았습니다. 권력이 사람이 아닌 땅에 달려 있었으므로 여성을 피보호인

→ 제4신분, 중세 여성의 역사, 236~237쪽.
→→ 처음 읽는 여성의 역사, 127~128쪽; 131쪽.

으로 둔 가부장들의 관심도 오로지 이 '땅'에 집중된 것입니다. 현대인들에겐 충격적으로 비칠지도 모르겠으나, 대다수의 중세 유럽인들은 결혼할 때에 사랑은커녕 결혼 당사자인 남녀의 나이조차 고려하지 않았습니다. "진정한 봉토의 결혼에 다른 장애물은 인정할 수 없다"는 말처럼, 그들에게 결혼은 사람과 사람의 결합이기보다는 땅과 땅의 결합이었습니다. 그리고 이는 여성이 땅의 주인인 경우에도 마찬가지였습니다.

여성이 토지를 소유했다고 해서 남성과 동등한 권리를 가지게 된 것은 아니었습니다. 기혼 여성의 재산권은 특히나 제한적이었습니다. 결혼과 동시에 여성의 재산은 부부의 공동 재산이 되었지만 실질적인 관리권은 전적으로 남편에게 있었습니다. 당시의 결혼법은 혼인 기간 중 남편이 아내의 재산을 포함한 모든 부부 재산을 관리하고 그로부터 발생하는 수입을 공유하되, 아내의 재산에 손해를 끼치지만 않으면 된다고 규정하고 있었습니다. 이러한 법의 틀 안에서 아내는 남편의 동의 없이는 재산을 매매하거나 저당 잡히거나 양도, 교환하는 등의 그 어떠한 처분도 할 수 없었습니다. 반면 남편은 본인의 재산은 물론이고 아내가 결혼하면서 가져온 재산, 결혼 후 상속받은 재산, 심지어

→ 중세의 여인들, 78쪽.

는 자신이 아내에게 약속한 과부산까지도 아내의 동의 없이 마음대로 처분할 수 있었습니다. 결국 과부산은 남편이 생존해 있는 동안에는 결혼 예물이나 결혼의 공증 이상의 의미를 갖지 못했으며, 여성은 남편이 사망한 이후에야 실질적인 재산권을 행사할 수 있었습니다.

결혼하지 않았거나 남편이 사망한 여성이라고 해도 상황이 크게 다르지는 않았습니다. 더욱 근본적인 문제는 토지 소유자에게 부과되는 '군사력 제공'의 의무에 있었기 때문입니다. 봉건 사회에서 토지 소유와 군사력 제공은 불가분의 관계에 있었는데, 여성들은 토지의 소유자일지라도 군주에게 직접 군사력을 제공할 수 없었습니다. 그래서 지주 여성이 결혼하면 해당 토지의 군사권은 자동적으로 그 남편에게 이전되었지요. 그랬기에 봉건 군주들로서는 본인이 내린 봉토를 소유한 여성이 혹시나 자신의 정적과 결혼하면 어쩌나 염려하지 않을 수 없었습니다. 이는 곧 왕이나 영주들이 여성 지주들의 결혼을 철저히 통제하는 결과를 야기했습니다. 어린 상속녀들은 마치 자신이 소유한 토지의 부속물처럼 이 남자 저 남자에게 약혼녀로 넘겨지다가 결혼 적령기에 이르곤 했습니다. 성년을 맞은 뒤 강제 결혼을 피하고 자기 의지대로 결혼하기를 원하는 여성

↳ 처음 읽는 여성의 역사, 129~130쪽; 139쪽.

들은 봉건 군주에게 상당한 대가를 지불해야 했고요. 이에 각 가정의 가부장들은 딸을 결혼시킬 권리가 영주에게 넘어가지 않도록 갓 태어난 여아의 혼처를 미리 정하거나 아예 결혼식을 치러버리기도 했습니다.

이처럼 중세 여성 지주들의 삶은 모순적인 지위에 놓여 있었습니다. 토지를 소유함으로써 경제적 자립과 사회적 지위를 어느 정도 확보할 수 있었으나, 동시에 토지를 소유하였다는 사실 때문에 봉건 체제와 가부장적 질서라는 거대한 틀 속에서 심각한 제약을 받아야 했습니다. 이는 여성이 재산을 확보하였다고 해서 그것이 반드시 자유와 권리의 획득으로 이어지지는 않았다는 점을 명확히 보여줍니다. 심지어 가장 사적인 영역이라 할 수 있는 결혼 문제에서조차 말입니다.

→ 제4신분, 중세 여성의 역사, 241~244쪽.
→→ 중세의 여인들, 79쪽.

이토록 도발적인 중세 부부의 세계

결과적으로 중세 유럽 사회에서는 자유로운 결혼을 찾아보기가 힘들었습니다. 계급을 불문하고 결혼은 봉건적 이해관계에 따라 주변인들에 의해 일방적으로 결정되었지요. 이같이 본인의 의사가 배제된 결혼은 자연스레 사랑과는 관계없는 의무적이고 정치적인 것, 또는 필요에 의한 것으로 받아들여졌습니다. 그리고 결혼과 사랑이 무관하다는 인식은 결국 결혼 생활 바깥에서 사랑을 추구하는 현상으로 이어졌습니다.

"검은 머리 파뿌리 될 때까지"라는 말, 들어보셨지요? 결혼식 주례사에 흔히 등장하는 이 표현을 들으며 우리는 사랑하는 부부가 백년해로하는 모습을 그리곤 합니다. 그러나 중세 유럽의 귀족들은 혼인으로 구속된 부부 관계에서는 진정한 사랑의 감정이 피어날 수 없다고 여겼습니다. 대신 그들은 '궁정 연애'에서 진정한 사랑을 찾았습니다.

궁정 연애의 가장 큰 특징은 사랑의 본질을 자유로움에서 찾았다는 점입니다. 한마디로 외부의 강제 없이 자유롭게 연인을 선택하고 사랑을 추구할 수 있어야 한다는 것이지요. 그러한 맥락에서 궁정 연애는 귀족 여성들에게 크게 두 가지 해방의 기회를 제공했습니다.

첫째로, 궁정 연애는 사랑과 결혼을 분리함으로써 여성

의 성적 자유를 정략 결혼이라는 속박으로부터 일정 부분 구해냈습니다. 궁정 문학은 높은 비율로 귀부인과 미혼 남성의 불륜을 그립니다. 마리 드 프랑스의 래 열두 편 중 무려 여덟 편이 불륜 관계에 있는 연인들을 주인공으로 삼고 있다는 사실이 이를 잘 보여주지요.➚ 주목할 만한 점은 이 작품들 그 어디에도 불륜에 대한 도덕적 가치 판단이 등장하지 않는다는 것입니다. 요즈음의 창작물에서 불륜이 비도덕적으로 그려지고 대다수의 불륜 커플들이 비극적인 결말을 맞이하는 것과는 다르게, 마리 드 프랑스의 래 속에서 연인들은 불륜 여부와 관계없이 오로지 그들의 사랑이 진정한가에 따라 해피엔딩을 맞이합니다.

　이는 마리가 사랑을 고통과 아픔의 대척점에 놓은 것과 관련 깊습니다. 그의 작품 속 연인들은 대부분 사회적 제약이나 고난, 위협에 직면합니다. 가령 한 주인공은 외지인이라는 이유로 동료와 상관에게 차별받아 괴로워합니다. 또 다른 이야기에서는 젊은 여성이 나이 많고 질투심 강한 남편에 의해 탑에 갇혀 서서히 시들어가지요. 어떤 인물은 고아라는 신분 때문에 오랜 연인이 다른 이와 결혼하는 모습을 무력하게 지켜보아야 했습니다. 이때 이들을 구원하는 것이 바로 '진정한 사랑'의 힘입니다. 외지인이

➚ 마리 드 프랑스, 『래 모음집』, 윤주옥 옮김, 아카넷, 2023, 24쪽.

어서, 고아여서, 여성이어서 받는 차별이나, 혼외 관계 혹은 사회적 관습을 따르지 않는 관계라는 이유로 쏟아지는 눈총은 그들이 행복한 결말을 맞는 데 방해가 되지 못합니다. 그들의 사랑이 실로 '진정한 것'이라면 말입니다.

둘째로, 궁정 연애는 여성을 그를 사랑하는 남자보다 계급적으로 우위에 둠으로써 연인 간의 젠더 권력 지형도를 일부 무력화했습니다. 궁정 문학에서 남성은 대체로 여성의 사랑을 구하는 청원자이고, 여성은 그 사랑을 받아들이거나 거절할 수 있는 주도권을 가집니다. 이는 마치 봉건제도하 주군과 가신의 관계를 연상시키는데요, 여성이 주군의 위치에서 남성의 구애를 받고 시련을 부과하며, 남성은 가신처럼 복종하고 헌신적으로 봉사하는 구도를 띠는 것입니다. 예를 들어, 마리 드 프랑스의 작품 중 하나에선 어떤 귀부인이 아서 왕의 부하들에게 심판받게 된 자신의 기사를 구해내는데, 얼핏 숭고하고 로맨틱해 보이는 이 행위는 사실 중세 군주가 자기 가신을 위해 마땅히 해야 했던 일 중 하나였습니다.

이외에도 궁정식 사랑에서 낭만적으로 그려지는 수많은 연인 간의 애정 표현은 알고 보면 가신과 군주 사이의 관계적 의무에 해당했습니다. 가령 전형적인 궁정 문학에서 사랑에 빠진 남자는 연인의 명예를 지키기 위해 자신의 신분을 세상에 숨기고 가명을 사용해야 했습니다. 따라서 그가 연인에게 무한히 복종하고 무조건적인 희생을 바치더라도 대외적으로 아무런 이득을 얻을 수 없었지요. 동시에 그는 연인의 변덕으로 인해 찾아오는 온갖 시련과 역경을 인내와 겸손으로 견뎌내야 했습니다. 오로지 주군인 연인에게 자신의 충절을 증명하기 위해서 말이에요. 쉽게 말해, 궁정식 사랑에서 남성은 자신의 연인을 가신이 주군을 모시듯 대해야 했던 것입니다.

이처럼 주군과 가신의 관계와 동일시된 연인 관계는 로맨틱한 '사랑' 관념에 경의, 상호성, 자유를 소개했습니다. 현대인인 우리에게는 사랑하는 두 사람이 서로를 자발적으로 존중하는 것이 당연하지만, 중세 유럽인들에게는 전혀 그렇지 않았습니다. 가부장적 가족 관계의 지배 아래서 사랑은 상호간의 존중과도, 자유와도 자연스럽게 어울리지 못했으니까요. 그러나 궁정식 사랑에서 그려지는 기사와 귀부인의 관계는 중세의 가부장적인 부부 관계와는 매우 상반되는 것이었습니다. 여성은 기사인 남성의 주군과도 같은 존재가 되어 복종과 헌신을 받을 수 있었으며, 그에게 지배받거나 종속되지 않아도 되었습니다. 결혼과 달리 원할 때 맺고 원치 않을 때 끊어낼 수 있는 비강제적인 관계였기 때문입니다. 결국 귀부인들은 자신들이 연인에 대해 계급적으로 우위를 점한 궁정식 사랑의 관계에서야 비로소 사랑의 자유를 누릴 수 있었던 셈입니다.

자연히 이들은 궁정식 사랑이라는 새로운 문화를 전파하는 데 가장 적극적으로 기여한 집단이 되었습니다. 아키텐의 엘레오노르(Aliénor d'Aquitaine, 1124~1204), 샹파뉴의 마리(Marie de Champagne, 1145~1198) 등은 음유시인들과 그들이 들여오는 새로운 예술을 환영했을 뿐 아니라, 궁정 연애라는 문화 자체를 적극적으로 장려했지요. 귀부인들은 궁정 문학의 옹호자이자 수혜자인 동시에 창작자이기도 했습니다. 음유시인들을 경제적, 정치적으로 후원했을 뿐 아니라 시와 로맨스 낭송에 직접 참여하기까지 했기 때문입니다. 이는 여성들이 문화 활동에서 극히 제한적인 역할만을 수행했던 고대 그리스나 로마 시대와 비교하면 획기적인 진전이었다고 할 수 있습니다.

그러나 궁정 문학의 발달이 중세 여성 전반의 삶을 개선했는가에 대해서는 의문이 남습니다. 우선 그 시대에는 문학을 향유하는 계층이 매우 제한적이었다는 점을 고려해야 합니다. 주군처럼 떠받들어지는 여성은 말 그대로 '귀부인'들에 한정되었고, 귀족이 아니거나 토지를 소유하지 못한 여성들은 궁정식 사랑의 대상조차 되지 못했습니다. 젊은 기사들 또한 귀부인들 눈에나 매력적으로 비쳤지, 나머지 대다수 여성들에겐 그저 또 다른 압제자 집단에 지나지 않았지요.

귀족 여성들의 삶에 있어서도 궁정식 사랑은 실질적인

변화를 이끌어내지 못했습니다. 궁정식 사랑은 여성의 법적 지위나 제도적 권리 향상으로 이어지지 않았습니다. 일부 귀족 여성들이 특권을 누렸다 해도 이 문화의 영향과는 무관했고요. 오히려 어떤 면에서 궁정식 사랑은 전쟁이 감소하고 중세 문화가 절정에 달했던 12세기에 남성들의 새로운 내적 욕구를 충족시키기 위해 탄생한 낭만적 반작용에 불과했습니다. 전투 중심의 삶을 살아온 봉건 전사들이 평화로운 시대를 맞아 자신들의 정체성을 재정립하는 과정에서 '여성에 대한 헌신'이라는 요소를 새롭게 도입했다고 볼 수 있다는 것입니다. 궁정식 사랑의 이상과 함께 완벽한 기사상은 '용맹한 전사이자 독실한 그리스도교인이면서 동시에 귀부인을 공경하는 자'로 재정의되었습니다. 이때 함께 등장하는 여성은 남성의 도덕적, 윤리적 수양을 위한 수단밖에 되지 못했습니다.

게다가 궁정식 사랑은 "사랑의 봉건화"라 불렸을 정도로 봉건적 계급 질서와 깊이 얽혀 있습니다. 결혼 제도 밖에서만 진정한 사랑이 꽃필 수 있다는 발상이 역설적으로 정략결혼이라는 결혼 제도를 안정화했기 때문입니다. 사랑과 결혼을 별개로 취급함으로써 혼인함에 있어 감정적 요

→ 제 4신분, 중세 여성의 역사, 290~292쪽; 처음 읽는 여성의 역사, 110~112쪽.

소를 배제하고 오로지 실용적 이해관계만을 중시하는 풍토를 정당화해버린 것입니다. 이런 관점에서 볼 때 당대 사회에서 궁정 연애가 받아들여진 것은 기존 질서나 제도를 교란하지 않고 오히려 수호했기에 가능했다고 볼 수 있습니다. 그리고 이같이 체제 순응적인 '사랑'의 면모는 역풍이 되어 르네상스 여성들에게 그대로 돌아오고 맙니다.

해시태그 #애증 #정쟁 #냉혈남 #망한사랑

12세기 이전 봉건사회에서 여성들은 사회활동을 비교적 자유롭게 할 수 있었습니다. 다양한 공적 영역에서 자신의 역할을 수행하고, 사회적으로도 어느 정도 영향력을 행사했지요. 하지만 12세기를 기점으로 여성들의 사회적 지위는 급격히 하락합니다. 생산력이 비약적으로 증가하면서 왕실과 교회가 중앙집권화를 강력하게 추진하기 시작했고, 이 과정에서 여성들의 사회활동과 영향력 행사가 제한받게 되었기 때문입니다.

새로이 등장한 계층이 이러한 변화의 중심에 있었습니

→ 본 절은 지식을만드는지식에서 출간된 『메리엄의 비극』의 번역과 해설을 근간으로 합니다.

다. '부르주아'라 불리던 그들은 후계자에게 재산을 안정적으로 물려주기 위해 가부장의 법적 권한을 절대화하려 했고, 그 결과 여성들은 전통적으로 누려왔던 법적 권리들을 하나둘씩 잃어가게 되었습니다. 예를 들어 14세기 프랑스의 여성들은 그동안 당연하게 여겨졌던 남편을 대리할 권한을 상실했는데요, 불가피하게 남편의 역할을 대신해야 하는 상황에서조차 반드시 판사로부터 사전에 허가를 받아야 했습니다. 그렇게 16세기가 되자 기혼 여성은 법적으로 완전히 무력한 존재가 되고 말았습니다. 무슨 일이든지 남편이나 판사의 허가 없이 행했다면, 그 행위의 법적 효력을 인정받지 못하는 지경에 이르고 말았지요. 그러나 여성을 무력화한 덕분에 가부장들은 가정 내에서 절대 군주와 같은 존재로 거듭날 수 있었습니다.

이에 따라 사랑에 대한 사회적 인식 또한 근본적인 변화를 겪게 되었습니다. 르네상스 시대의 사랑관은 발다사레 카스틸리오네(Baldassare Castiglione)의 『궁정론*Il Cortegiano*』(1528)으로 대표됩니다. 중세의 궁정식 사랑이 가신 관계에 대한 비유를 통해 봉건 사회를 담아냈다면, 카스틸리오네가 제시한 사랑 이론은 르네상스 시대의 새로운 사회적 요구와 현실을 적극적으로 반영하고 있습니

→ 처음 읽는 여성의 역사, 133~134쪽.

다. 특히 주목할 만한 점은 여성들에게 순결과 정절을 엄격히 요구했다는 것입니다. 이는 당시 사회에서 혈통의 정당성이 주요한 관심사로 부상하면서 혼외 관계에 대한 사회적 시선이 이전보다 훨씬 더 비판적으로 변모했으며, 과거에 각각 독립된 영역으로 존재하던 사랑과 연애, 결혼이 하나의 통합된 틀 안에 자리 잡기 시작했음을 보여주지요.

15세기 말부터 유럽 전역을 휩쓸었던 매독은 이 요구에 힘을 실어주며 변화를 가속했습니다. 이 치명적인 성병의 확산이 여성의 성적 욕망을 죄악시하는 사회 경향을 강화한 것입니다. 이후 16세기에 접어들어서는 나체를 드러내는 행위나 혼외 성관계가 심각한 비난의 대상이 되었고, 순결과 정숙이 반드시 지켜야 할 새로운 행동 규범으로 강조되었습니다. 이러한 변화는 곧 일상의 세세한 부분에까지 영향을 미쳐, 잘 때는 반드시 잠옷을 입어야 하고 목욕할 때에도 속옷을 착용해야 한다는 등의 엄격한 생활 규율이 확립되었습니다.→ 물론 이 변화의 과정에서 가장 큰 희생을 치른 존재는 여성들이었습니다. 상류계급 혈통의 순수성 유지와 새로운 윤리 규범을 위해 여성의 성적 자유를 희생시킨 셈이었기 때문입니다.

르네상스 시대는 또한 여성에게 새로운 미의 기준이 부

→ 처음 읽는 여성의 역사, 187쪽.

여되고 사회적 담론에서 '여성다움'이 강조되기 시작한 시기였습니다. 옷차림과 외모, 행동 등 모든 면에서 여성은 남성과 '다르다'는 점이 강조되었고, 의복 혁명을 통해 여성의 복장은 더욱 단정하고 정숙해졌습니다. 당시의 예절서나 의학 서적들은 남성의 활력이나 씩씩함과는 대조되는 연약함과 부드러움의 덕목을 여성에게 강조했고, 여성의 미 역시 새롭게 해석되어 아름다움은 더 이상 위험한 자질이 아닌 도덕성과 사회적 지위에 걸맞은 덕목으로 자리 잡았습니다. 당대 이탈리아, 프랑스, 스페인, 독일, 영국에서 공통적으로 추구했던 미의 기준은 고운 피부와 금발, 붉은 입술과 뺨, 검은 눈썹, 하이힐을 신은 풍만한 육체였습니다. 이러한 미적 기준에 부합하기 위해 1550년대부터 이미 화장품, 코르셋, 하이힐 등이 적극적으로 활용되었습니다. 인쇄술의 발명조차 여성들에게는 더욱 확고한 미의 기준을 강요받는 전기가 되었습니다. 향수와 화장품에 관한 책자가 널리 보급되었기 때문입니다.

카스틸리오네가 제시한 '궁정인'이라는 새로운 귀족관도 이러한 변화와 맥을 같이합니다. 중세의 궁정식 사랑이 주로 남성이 여성을 기쁘게 하는 것을 목표로 삼았다면, 르네상스 시대의 궁정에서는 그와 정반대로 여성이 '궁정

→ㅣ 처음 읽는 여성의 역사, 185~186쪽.

인'으로서 타인을 만족시키기 위해 문화적 교양과 지적 매력을 쌓아야 했습니다. 조안 켈리는 이를 "왕자가 좋아하는 것을 인식하고 [중략] 이에 몸을 굽히겠다는 결심"이라고 표현하며, 르네상스의 귀족 여성들이 궁녀와 같이 타인에게 봉사하는 수동적 존재로 전락했음을 지적하지요. 그 결과 르네상스 시대의 귀족 여성들은 사회의 세속 문화에 대한 지배적 지위뿐만 아니라 연인 관계에서의 우위마저 상실하게 되었습니다. 이는 그들이 동시대 남성들은 물론이고 중세의 여성들과 비교해서도 열등한 위치에 놓이게 되었음을 암시합니다. 이처럼 르네상스 시대의 '사랑'은 계급과 정치가 교차하고 권력의 줄다리기가 계속되는 격렬한 난기류 속에 놓여 있었습니다. 그리고 이러한 역동성은 영국 르네상스(English Renaissance, 15~17세기)와 같이 서유럽 르네상스의 영향을 받은 후대의 작품들에 고스란히 담기게 됩니다.

엘리자베스 케리(Elizabeth Tanfield Cary, 1585~1639)의 《메리엄의 비극 *The Tragedy of Mariam*》은 영국 르네상스 최전성기라 불리는 엘리자베스 시대가 끝난 직후인 1613년에

→ Joan Kelly, *Women, History & Theory: The Essays of Joan Kelly* (University of Chicago Press, 1984), 45.

발표된 작품으로, 유대 왕국의 독재자로 악명을 떨쳤던 헤롯 대왕(Herod the Great, 기원전 72~4/1)과 그의 아내 메리엄의 이야기를 다루고 있습니다. 작품은 메리엄이 헤롯의 부고를 전해 듣고서 슬픔과 기쁨이 공존하는 모순적인 마음을 드러내면서, 자신의 이러한 감정적 혼란이 사실은 권력을 둘러싼 정치적 갈등임을 밝히는 것으로 시작합니다.

작중 헤롯은 권력욕의 화신과도 같이 묘사됩니다. 그는 이미 결혼해 자식까지 둔 남편이자 아버지였음에도 유대 국가의 왕이 되기 위해 가족을 버리고 하스몬 왕가의 공주 메리엄과 새로 혼인하였고, 즉위한 후에는 권력을 지키기 위해 메리엄의 할아버지, 남동생 등 왕위 계승권이 있는 혈족을 몰살합니다. 심지어 자신이 로마에서 사망하거든 왕국에 남아 있는 메리엄까지 죽이라는 지령마저 내리는데요, 이는 그의 왕좌에 대한 정당성이 자기 자신이 아닌 메리엄으로부터 나온다는, 정치적으로 아주 치명적인 약점이 있었던 탓입니다.

메리엄은 마지막 유대 왕조인 하스몬 왕가의 후손이자 유대인으로서, 유대 왕국의 후계를 이을 확고한 정통성을 지닙니다. 메리엄을 유대 민족의 정당한 여왕으로 칭하는 이 극의 원제(The Tragedy of Mariam, the Fair Queen of Jewry)가 이 점을 바로 드러내지요. 그에 반해 헤롯은 하스몬 왕조의 후손이기는커녕 유대인들이 차별하고 멸시하는 에돔 출신의 이방인입니다. 차별받고 멸시당하는 에돔인 헤롯이 왕위에 오를 수 있던 것은 오로지 메리엄과 결혼한 자, 메리엄으로부터 나온 후손만이 왕권을 차지할 수 있었기 때문입니다.

에돔인에 대한 유대인들의 적대감과 차별의식이 어느 정도였는지는 작중 헤롯의 동생 살로메를 향한 메리엄의 발언을 통해 잘 드러납니다. 메리엄은 살로메에게 "내 혈통은 천박한 너의 출신보다 월등하므로, 너희 두 사람에게 나는 공주였다. 너는 일부는 유대인, 일부는 에돔의 후손이므로 잡종이다. 너는 버림받은 종족의 후손이고, 네 선조들은 천국과 대항해 싸웠으며, 그들처럼 너도 천상의 신분을 욕보이고 있다"며 폭언을 퍼붓습니다.

살로메는 이러한 도발에 동요하지 않고 매우 전복적인 사고와 태도로 맞서는데요, 그는 "당신 조상과 나의 조상 사이에 무슨 차이가 있지? 양쪽 다 아담의 자손이요 흙으로 빚어졌으며 거룩한 아브라함의 자손이거늘"이라며 메리엄이 내세운 위계를 무너뜨리지요. 그러나 메리엄은 이러한 전복을 받아들이지 못합니다. 그가 고집하는 민족적, 종교적, 계급적 우월 의식은 결국 헤롯, 살로메 남매와

─┤ 엘리자베스 탠필드 케리, 『메리엄의 비극』, 최영 옮김, 지만지드라마, 2019, 28쪽.
─┤─┤ 엘리자베스 탠필드 케리, 앞의 책, 29쪽.

메리엄 간에 끊임없는 갈등의 원인이자, 극을 파국으로 몰아가는 주요 원동력으로 작용하게 됩니다.

한편 메리엄을 파멸로 몰아가는 헤롯의 심경은 한층 더 복잡하게 묘사됩니다. 그는 권력을 위해 누구보다도 메리엄을 필요로 했기에 아내와 자식도 버렸습니다. 메리엄마저 사랑하지 않고 희생시켜버렸더라면 아마 온전히 비정한 인물로 남았겠지요. 그러나 헤롯은 메리엄을 열렬히 사랑한 남편이기도 했습니다. 메리엄 또한 그 마음에 응했고요. 즉 작중에서 헤롯과 메리엄은 연인인 동시에 정적이었던 것입니다.

극의 초반, 자신의 일가 친척을 몰살한 남편을 미워하면서도 남몰래 연민하던 메리엄은 극이 진행될수록 헤롯에게 냉랭해집니다. 그의 부고가 거짓이었으며 실은 살아있다는 사실을 깨달았을 때, 메리엄은 비로소 헤롯을 향한 자신의 마음이 어떠한 종류의 것이었는지 확신하지요. 무사 귀환한 헤롯을 맞이하는 자리에 메리엄은 상복을 연상시키는 차림으로 등장합니다. 마치 그의 생존이 자신과 자신의 죽은 가족들에게는 애도할 일이라는듯 말입니다. 그때까지만 해도 메리엄에 대한 사랑에 못 이겨 그를 제거하지 못하고 망설이던 헤롯은 결국 메리엄이 헤롯을 죽이려 한다는 살로메의 거짓말에 넘어가고 맙니다. 마음으로는 여전히 거부감을 느끼면서도 끝내 메리엄에게 사형을 선고한 것입니다.

《메리엄의 비극》속 두 주인공이 연인인 동시에 정적이었다는 사실은 이 작품을 당대의 격변하던 사랑관을 비추는 커다란 거울로 만들어줍니다. 구약에서 신약으로 넘어가는 시대상은 르네상스기의 역동을, 가정 내에서 일어나는 위계적 충돌은 현실 사회의 권력 다툼을 비춥니다. 결정적으로 헤롯과 메리엄의 충돌은 봉건화되어 있던 문학적 '사랑'의 종말을 가리킵니다. 메리엄이 겪은 비극이 당대 사회의 역동과 계급적 갈등 한가운데서 결코 자유로울 수 없었던 '사랑' 관념에 대한 은유가 된 것입니다.

물론 굳이 사랑에 초점을 맞추지 않더라도《메리엄의 비극》은 로마 제국과 서아시아를 배경으로 역사적인 인물과 사건을 다룬다는 점에서 이미 문학적 가치가 풍부합니다.《메리엄의 비극》이 엘리자베스 케리가 쓴 유일한 희곡이라는 사실이 의아할 정도로 말이지요. 케리가 어떤 사람이었는지 알면 이 의아함은 곧 안타까움으로 변모합니다. 그는 양면 53권으로 이루어진 아브라함 오르텔리우스(Abraham Ortelius)의 라틴어 지도책『세계의 거울 *Theatrum Orbis Terrarum*』(1570)을 불과 열세 살에 최초로 영역한 천재이기 때문입니다.

이런 천재가 어째서 계속 글을 쓰지 않았느냐고요? 그의 부모가 그를 학교에 보내지 않았고, 그의 시어머니가 그가 독서하는 것을 금지했다고 하면 충분한 설명이 될까요? 아니면 버지니아 울프가 『자기만의 방』에서 창조해낸 가상인물 셰익스피어의 누이 주디스가 엘리자베스 캐리라는 사람으로 현실에 살았었노라 이야기하면 설명이 될까요? "여성에게도 르네상스가 있었느냐"는 조안 켈리의 질문에 회답이라도 하듯, 캐리가 산 시대이자 셰익스피어로 대표되는 영국 극문학의 전성기인 엘리자베스 시대에 여성은 극을 직접 쓰기는커녕 무대에 오를 수조차 없었습니다. 버지니아 울프의 말마따나, "셰익스피어 시대에 어떤 여성이 셰익스피어 희곡을 쓴다는 것은 완전히 그리고 전적으로 불가능"했던 것입니다.

↳ 버지니아 울프, 『자기만의 방』, 오진숙 옮김, 솔출판사, 2019.

팬과 안티를 모두 미치게 만든
슈퍼 스타 극작가

르네상스 시대는 14세기부터 16세기까지 이탈리아를 중심으로 한 유럽 사회의 문화 부흥기로서, 인류 문명의 획기적인 발전기로 평가받아왔습니다. 이 시기에는 고대 그리스·로마의 예술과 학문이 재발견되면서 기독교의 절대적 권위에 대한 도전이 시작되었고, 인간의 무한한 가능성을 믿는 인본주의 사상이 발전했습니다. 이러한 변화로 인해 전통적인 역사학자들은 르네상스를 중세의 암흑기에서 벗어나 근대로 향하는 새로운 시작점으로 높이 평가하며, 당시 사람들에게 혁신적인 사회·문화적 표현의 기회를 제공한 시대로 인정해왔지요.

하지만 르네상스기의 혜택이 모든 계층과 성별에 동등하게 주어졌는지는 의심스럽습니다. 조안 켈리는 「여성들에게 르네상스가 있었는가?」에서 스스로 던진 질문에 대해 "여성들에게 르네상스는 없었다"는 답을 내립니다. 그의 연구에 따르면 르네상스 시대에 여성들의 삶은 오히려 더욱 제한되었으며, 같은 계급의 남성들과 비교했을 때 사

→ 본 절은 지식을만드는지식에서 출간된 『떠돌이 혹은 추방된 기사들』의 번역과 해설을 근간으로 합니다.

회적·개인적 선택의 폭이 이전보다 좁아졌다는 것입니다.

켈리는 르네상스 시대에 여성의 사회적 지위가 전반적으로 하락했다고 분석했습니다. 중세와 비교했을 때 여성에 대한 성적 통제가 한층 엄격해졌으며, 여성들의 경제적·정치적 영향력도 상당히 감소했습니다. 교육받을 수 있는 기회가 줄어들었고, 문화 활동에도 제약이 더 많아졌지요. 또한 공적 영역과 사적 영역의 구분이 뚜렷해져 여성들의 활동 범위는 더욱 좁아지게 되었고, 결과적으로 남성과 여성 사이의 사회적 격차가 더욱 벌어졌습니다.→

특히 주목할 만한 점은 르네상스 시대의 문화적 발달조차 여성에게 더욱 불리한 방향으로 작용했다는 것입니다. 여성을 비하하거나 혐오하는 내용을 담은 문학작품들이 늘어났고, 중세 궁정 문학에서 흔히 찾아볼 수 있었던 여성에 대한 기사도적인 태도는 점차 사라졌습니다.→→ 이러한 사회 분위기 변화는 여성 문인들의 활동에도 직접적인 영향을 미쳐, 15세기 이후부터는 여성 문인의 수가 급격히 줄어들기 시작합니다. 가령 1475년부터 1700년 사이에 영국에서 여성의 이름으로 출간된 책은 총 육백여 권인데요, 이는 동시기에 같은 지역에서 나온 모든 책의 불과 0.5퍼

→ Joan Kelly, *Women, History & Theory: The Essays of Joan Kelly* (University of Chicago Press, 1984), 19-20.
→→ 처음 읽는 여성의 역사, 184~185쪽.

센트에 해당하는 양입니다.

 그러나 이 찬란한 문예 부흥기를 남성 문인들과 함께 누리지 못했다 해도, 여성들은 글을 남겨 문학사에 영향을 끼치기를 멈추지 않았습니다. 비록 당대에 셰익스피어만큼 인정받지 못했을지라도, 17세기 유럽 여성들은 소설, 시, 희곡, 서신 등 여러 장르를 통해 다양한 형태로 문학 활동을 이어갔습니다. 이 시기 문학계 안팎에서 활동한 여성 작가들의 존재가 이 사실을 뒷받침하고 있지요.

자신을 '빵을 위해 글을 쓸 수밖에 없는 작가, 부끄럽지 않은 작가'라 부른 이가 있습니다. 17세기에 스스로를 이렇게 부른 것이 얼마나 이례적인 일이냐면요, 당시 영국에서 희곡을 두 편 이상 집필한 극작가 열다섯 명 중 두 명은 백작, 한 명은 공작, 네 명은 기사, 한 명은 남작이었습니다. 귀족이 아니던 나머지 역시 옥스포드 대학에서 교육받는 등 신사 계급의 특권과 여유를 누리며 글을 썼지요. 그러나 애프러 벤(Aphra Behn, 1640~1689)에게 글쓰기란 '신사적 취미' 따위가 아니었습니다. 그는 어린 나이에 남편과 사별한 가난한 여성이었습니다. 그리고 살아남기 위해

→ 마르트 룰만, 『여성 철학자』, 이한무 옮김, 푸른숲, 2005, 251쪽.
→→ Sue-Ellen Case, *Feminism and Theatre* (Routledge, 1988), 36.

펜을 쥘 수밖에 없었던 몸부림은 그를 영국 최초의 직업 극작가로 만듭니다.

벤의 유년기에 관해서는 알려진 바가 적습니다. 가장 널리 알려진 사실은 그가 식민 지배기 남아메리카의 수리남(Surinam)에서 유년기를 보냈다는 것입니다. 1688년 출판된 소설 『오루노코 *Oroonoko*』는 수리남에서의 경험을 반영하고 있습니다. 아프리카에 있는 가상의 왕국을 배경으로 한 이 작품은 벤의 대표작 중 하나이자 최초의 반노예 소설로 평가받고 있지요.

1658년, 18세가 된 벤은 아버지의 사망으로 영국에 돌아오게 됩니다. 그리고 1664년 네덜란드계 상인과 결혼하지만 남편은 이 년 후 흑사병으로 사망합니다. 혼자가 된 젊은 과부가 첫 번째로 택한 직업은 '첩보원'이었습니다. 영-화 전쟁 중이었던 1666년, 그는 찰스 2세의 스파이로 네덜란드 앤트워프에 파견되어 눈부신 활약을 펼칩니다. 그러나 영국 정부로부터 보수를 충분히 받았는지는 의심스럽습니다. 런던으로 돌아올 때도 귀국할 경비가 없어 돈을 빌려야 했기 때문입니다. 게다가 그가 돌아온 런던은 이전처럼 빛나는 도시가 아니었고, 대화재로 인해 폐허가 되어 있었습니다. 이미 손해가 막심했던 벤의 채권자들은 그에게 즉시 빚을 갚아줄 것을 요구했습니다. 그러나 빈털터리였던 벤은 빚을 갚지 못했고, 결국 투옥되고 맙니다.

벤이 언제 어떻게 석방되었는지에 관해서는 명확한 기록이 남아 있지 않습니다. 다만 1670년이나 1671년 링컨의 한 여관에서 첫 번째 희곡인 《강제 결혼*The Forc'd Marriage*》을 집필했다는 사실만이 알려져 있지요. 무엇이 그를 작가의 길로 이끌었는지는 불분명합니다. 혹자는 시인 캐서린 필립스(Katherine Philipps, 1631경~1664)가 피에르 코르네유(Pierre Corneille)의 《폼페이*Pompée*》(1663)와 《호레이스*Horace*》(1640)를 번역해 큰 성공을 거둔 데서 자극을 받았으리라고 이야기합니다. 당시 남성 극작가들이 누리던 성공이 더 큰 영향을 끼쳤을 것이라고 말하는 사람들도 있습니다. 어느 쪽이든 간에 분명한 사실은 벤이 '빵을 위해' 글을 쓰기 시작했다는 것입니다. 그리고 이는 곧 예견된 반발에 휘말리고 맙니다.

벤이 살던 곳은 여성의 공적 활동을 금기시하던 17세기 영국이었습니다. 여성이 생계를 위해 상업적 활동, 특히 집필 활동을 하는 것은 곧 '자신을 파는' 것과 마찬가지로 부도덕하고 정숙하지 못한 일로 여겨졌지요. 심지어 여성 작가를 "작가-창부(Auth-whore)"나 "시인-매춘부(Poetess-punk)"라 부르기까지 했습니다. 때문에 대부분의 여성들은 본인의 안위를 위해서라도 가정이나 사적인 영역에 머물러야 했습니다.

그러나 속할 가정도, 사적인 영역도 없었던 벤은 살기

위해 스스로를 내던졌습니다. 더욱 노골적이고 '음란한' 희극을 써서 자신을 향한 반발에 정면으로 맞선 것입니다. 놀랍게도 소위 '음란한 표현'들은 왕정 복고 시대의 극문학에서 최고조에 달해 있었습니다. 음란한 표현 요소들이 당시 작품들의 일반적인 특징으로 여겨질 정도였지요. 그럼에도 불구하고 단순히 여성이라는 이유로 관객들은 벤을 "악덕의 친구이자 미덕의 적" "대중을 타락시키려고 펜을 손에 든 가장 뻔뻔스러운 여자" "음탕한 창녀, 글 쓰는 매춘부" "불결함 속으로 춤추고 다닌 창녀"라고 불렀습니다. 이에 대응하여 벤은 더욱 과감하고 대담하게, 그리고 직설적으로 여성의 '성'을 작품 속에 담아내기 시작합니다.

1677년 작 《떠돌이 혹은 추방된 기사들 *The Rover or The Banish'd Cavaliers*》(이하 《떠돌이》)은 벤의 희곡 중 가장 성공적이었다 평가됩니다. 《떠돌이》는 한마디로 당시 "여성의 관점에서 본 사랑과 결혼에 관한 작품"이라 할 수 있습니다. 주인공 자매 중 한 명인 플로린다는 벨빌이라는 남성을 사랑합니다. 하지만 아버지에게는 늙은 부자 돈 빈센티오와, 오빠에게는 스페인 총독 아들 안토니오와 결혼할 것을 강요받습니다. 그들에게 플로린다의 결혼은 '거래'

↳ 떠돌이 혹은 추방된 기사들, 270쪽.
↳↳ 떠돌이 혹은 추방된 기사들, 261쪽.

입니다. 플로린다는 이런 결혼은 여성을 노예로 만드는 것이라고 비난하고, 동생 헬레나는 강제 결혼을 "감옥보다 더 나쁜 감금 상태"이자 "다른 남자와의 간음보다 더 나쁜 것"으로 규정하지요. 그들은 입을 모아 비난합니다.

"그 거인은 몸을 쭉 뻗고는 하품을 하고 한두 번 소총만큼이나 커다란 소리로 트림을 내뿜고, 침대에다 제 몸을 내던지고는 더러운 자기 시트에서 언니가 오기를 바라지요; [중략] 그런데 이런 게 젊은 숙녀에게 참으로 멋진 축복이 아니냐니요; [중략] 그 딸랑이와 싸구려 보석에 거시기를 가지고 언니의 청춘과 재산을 물물교환하려 들다니요."

남성들의 의지가 여성들의 운명을 결정짓는 것은 비단 결혼 문제뿐만이 아닙니다. 가족들은 플로린다를 자신들이 원하는 남성과 결혼시키려 하는 한편, 헬레나는 수녀로 만들어버리려고 합니다. 이에 플로린다와 헬레나는 강제 결혼과 수녀원행이라는 원치 않는 운명을 피하기 위해 도망쳐 나와 본인이 원하는 남성을 배우자로 선택하고자 하

―┐ 떠돌이 혹은 추방된 기사들, 261쪽.
―┐―┐ 떠돌이 혹은 추방된 기사들, 17~20쪽.

지요. 때는 마침 카니발 기간이었기에 자매는 가면과 변장을 통해 기존의 제약에서 벗어나 자신의 욕망을 자유롭게 추구할 기회를 얻게 됩니다. 《떠돌이》의 원제인 'Rover'라는 단어는 왕정복고기에 '바람둥이'나 '난봉꾼'이라는 뜻으로도 사용되었는데요, 작품 속에서 직접적으로 '떠돌이'라 불리는 윌모어의 상대 역인 헬레나는 익명성이 주는 해방감 속에서 수녀의 길을 거부하고 '여성 떠돌이(she-rover)'가 되기를 자원합니다.

  당대에는 이러한 벤의 연극을 두고 외설적이라는 비난이 끊이지 않았습니다. 남성의 관점에서 남성의 글로 성을 논하는 일은 '일탈 행위'일 뿐이지만, 여성이 성에 대해 발언하는 일은 단순히 음란한 차원을 넘어 부자연스럽기까지 하다는 것이었습니다. 이러한 이중 잣대에 대해 벤은 '외설적인 장면을 쓰는 것은 극작가의 자유이자 코미디 전통의 일부'라고 주장하며 작가로서의 자신을 변호합니다. 《인내심 있는 팬시 경 *Sir Patient Fancy*》(1678)에서 벤은 말합니다.

남성 작가들은 가장 문란한 생활을 하고 가장 음란한
작품을 쓰고 사람들은 그것을 보려고 몰려들지만 단지

여성이 썼다는 이유로 부도덕한 것으로 여긴다.

또 1686년 작 《행운 *The Lucky Chance*》의 서문에서는 이렇게 말합니다.

내가 요구하는 것이라고는 나의 남성적 부분 내 안의 시인에 대한 특권이다(All I ask, is the Privilege for my Masculine Part the Poet in me).

애프러 벤이 직업 작가로서의 길을 개척하며 당대의 성차별적 관습에 도전한 과정은 단순히 문인으로서의 경력이 아니라, 자신에게 주어진 한계를 넘어서고자 했던 한 여성의 투쟁의 기록으로 남았습니다. 단순히 규범의 확대처럼 보이던 변화들이 실제로는 여성의 자유를 제한하는 방향으로 작용하던 때에조차, 여성들은 문학이라는 매체를 통해 자기 존재를 증명하고 끊임없이 자신만의 방식으로 저항하며 역사를 만들어갔던 것입니다. 결과적으로, 그들의 문학적 여정은 개인의 성취를 넘어 집단적인 변화의 일부가 되었습니다. 애프러 벤과 같은 여성 작가들은 문학

⤍ 떠돌이 혹은 추방된 기사들, 271쪽.
⤍⤍ 떠돌이 혹은 추방된 기사들, 271쪽.

을 통해 새로운 역사를 쓰며, 미래 세대 여성들에게 자유와 가능성의 길을 열어준 것입니다.

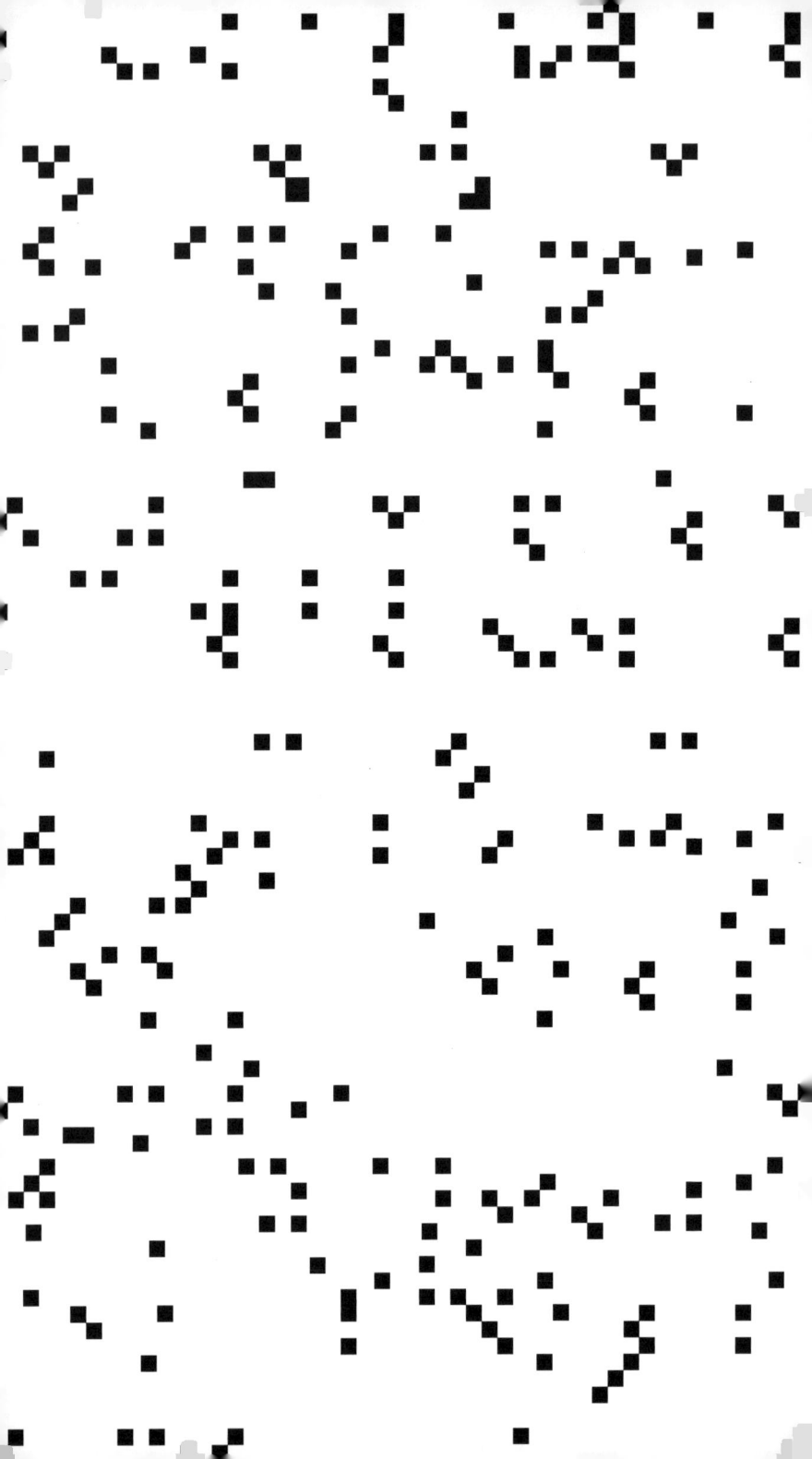

5장

미친 매지와
정신 나간 물질의 세계

#17세기 #영국 #과학혁명 #마거릿_캐번디시 #불타는_세계
#최초의_SF

신은 주사위 놀음을…할까? 말까?

자연철학에서 실험과학으로, 공화정에서 왕정으로 전환되던 17세기 영국에 한 미친 여인이 있었습니다. 사람들이 그를 두고 미쳤다고 말한 이유는 언뜻 보기엔 아주 간단했습니다. 그는 물질에도 인간과 마찬가지로 '이성'이 있다고 주장했으니까요. 그러나 자세히 들여다보면 그 주장에는 그리 단순하지만은 않은 이야기가 자리하고 있습니다.

자, 여기에 사과가 하나 있습니다. 어느 날 인류는 이 사과가 높은 곳에서 낮은 곳으로, 위에서 아래로 떨어진다는 사실을 발견합니다. 백 번 천 번 반복해보아도 결과는 같았습니다. 그래서 인류는 만 번을 해보아도, 아니 영원토록 같은 시도를 반복해도 늘 결과가 같을 것이라는 결론을 냅니다. 개별적인 사실로부터 '중력'과 같은 보편적인 법칙을 유도해내는 이러한 추론 방식을 '귀납법'이라고 합니다.

그런데 18세기의 철학자 데이비드 흄(David Hume)에 따르면 이 방식엔 한 가지 논리적 문제가 있습니다. 인간이 중력을 변하지 않는 법칙으로 판단한 이유는 아무리 반복해서 떨어뜨려도 사과가 항상 지구를 향해 아래로 떨어졌기 때문입니다. 그런데 만 번 아래로 떨어진 사과가 만 한 번째에도 아래로 떨어질 것이라고 결론 지으려면 자연이 규칙적으로 작동하며 그 규칙은 불변한다는 전제가 필요하지요. 그러나 슬프게도 이 전제의 근거는 '사과를 만 번 떨어뜨렸더니 모두 아래로 떨어지더라'는 축적된 경험뿐입니다. A라는 결론의 전제가 B인데 B의 근거가 A뿐인 이 상황. 한마디로 말해, 순환 논증인 것입니다.

흄은 『인간 오성에 관한 연구』 4절에서 당구공의 예시를 들며 귀납적 추론의 한계를 설명합니다. 우리는 직선으로 움직이는 당구공을 볼 때 그 공이 자신의 경로에 있는 다른 공과 충돌한 후 특정한 방향을 향해 연쇄적으로 움직이리라고 자연스럽게 예상합니다. 그러나 이 하나의 원인에 서로 다른 백 가지 사건들이 뒤따를 것이라고 생각할 수는 없을까요? 두 공이 모두 멈춰버리거나 첫 번째 공이 두 번째 공에 튕겨 되돌아올 수는 없는 걸까요? 이것들은 모두 논리적으로 동등하게 상상할 수 있는 가능성들입니다. 그럼에도 우리는 어째서 특정한 하나의 결과에만 특권적 지위를 부여하는 것일까요? 다른 모든 조건들이 일정할 때에 동일한 원인에는 늘 이 특정한 결과가 뒤따른다고, 어떻게 증명할 수 있을까요? 결과적으로 흄은, 우리가 법칙이라고 믿는 것들이 미래에도 지금과 같이 머물러 있을 것인지, 그러한 인과적 연결에 대한 필연성을 우리가 증명할 수 있는지에 관해 의문을 제기합니다. 그리고 이러한 의문으로부터 우리는 필연성을 정당화하는 것이 불가능하다는, 따라서 법칙들의 불변성 또한 증명할 수 없다는 결론에 도달하게 됩니다.

일명 '귀납의 문제'로 인해 진리로의 입구가 봉쇄되자 철학자들은 난처해졌습니다. 그래서 여러 가지 방식으로 이를 해결하고자 시도했지요. 가령 20세기 영국의 과학철학자 칼 포퍼(Karl Popper)는 기존의 법칙과 맞지 않는 현상이 관찰될 경우 그 새로운 현상을 토대로 법칙을 수정하고 보완하면 된다는 주장을 펼쳤는데요, 이를 '반증주의'라고 부릅니다. 그러나 프랑스의 철학자 퀑탱 메이야수(Quentin Meillassoux)는 포퍼의 해결책이 흄이 제기한 문제의 본질을 제대로 파악하지 못하고 있다고 지적합니다. 흄의 질문의 핵심은 자연의 근본적인 인과성에 관한 것이었는데, 포퍼는 이를 단순히 우리가 만든 자연 이론들의 유효성에 대한 문제로 축소시켰다는 것입니다.

메이야수는 포퍼의 반증주의가 자연 법칙이 미래에 아무 이유 없이 변할 수도 있다는 가능성을 시인하는 것이 아니라, 단지 우리의 과학 이론들이 새로운 실험 상황에 의해 언제든 반박될 수 있다는 점을 지적하는 데 그친다고 분석합니다. 실제로 포퍼는 동일한 조건하에서 자연 법칙이 변할 수 있다고 주장하지 않았습니다. 단지 어떤 법칙

⇥ 퀑탱 메이야수, 『유한성 이후』, 정지은 옮김, 도서출판 b, 2024, 196~197쪽.

이 영원히 유효할 것인지를 증명할 수 없다고 말했을 뿐이지요. 이러한 점에서 포퍼의 입장은, 비록 기존의 법칙이 새로운 경험에 의해 반박될 수 있다 하더라도 그 반박을 통해 또 다른 법칙을 도출해낼 수 있을 것이라는, 다시 말해 자연에는 어떠한 형태로든 인과성이 계속해서 존재할 것이라는 전제를 깔고 있습니다. 귀납 추론의 논리적 문제를 해결하지 못하고도 여전히 인과적 필연성을 당연시하고 있는 것입니다.

나아가 흄에 의해 제기된 인과성의 문제는 우리가 과학적 방법론이라고 부르는 것이 실제로 '어떤 종류의 지식이나 앎을 우리에게 보장하는가'라는 의문과도 연결됩니다. 흄은 동일한 법칙들이 미래에도 똑같이 검증될 수 있는가에 관해 묻고 있는데, 현대의 자연과학은 반복적인 실험으로 이론의 타당성을 입증할 수 있다는 전제 위에 서 있기 때문입니다. 오늘 수행한 실험과 정확히 같은 조건으로 내일 또다시 실험을 했는데, 전혀 다른 결과가 나온다면 어떻게 될까요? 만일 동일한 원인에 대해 동일한 결과가 보장되지 않는다면, 우리는 어떻게 과학을 수행하고 자연을 이해해 나갈 수 있을까요? 이런 상황이 발생한다면 결국 무너지는 것은 단순히 특정 이론이나 법칙이 아닌, '과학'

→ 퀑탱 메이야수, 앞의 책, 191~192쪽.

이라는 체계에 대한 우리의 신뢰일 것입니다. 한마디로, 실험을 통해 자연을 이해할 수 있으리라는 믿음이 뿌리째 흔들리게 되는 것입니다. 따라서 메이야수는 흄의 질문을 다음과 같이 정리합니다.

우리는 실험과학이 오늘처럼 내일도 가능할 수 있을 것인지를 증명할 수 있을까?

이처럼 자연의 인과성에 대한 문제 제기는 단순히 한 과학 이론의 진위 판단을 넘어서, 우리가 '과학적 방법론'이라고 믿는 것이 정말로 유효한가, 라는 근본적인 의문을 불러일으킵니다. 이 도전적인 질문은 과학의 가능성 자체를 흔들 뿐만 아니라, 우리가 자연에 대해 가질 수 있는 지식의 본질과 한계에 대해 깊이 고찰하게 하지요. 흥미로운 점은, 흄이 태어나기 백 년도 전에 그가 제기한 이 자연철학의 근원 문제를 먼저 해명하려 한 이가 있다는 사실입니다. 마거릿 캐번디시(Margaret Cavendish, 1623~1673), 앞서 세상이 '미친 여인'이라 부른 바로 그 사람입니다.

→ 퀑탱 메이야수, 앞의 책, 193~194쪽.

너는 듣고 있는가, 기계적 과학의 노래

만물이 '진리'라는 변치 않는 원리에 의해 규칙적으로 작동한다는 사고방식. 즉 우주가 '카오스'가 아닌 '코스모스'라는 관점은 고대 그리스 철학에서부터 유구하게 이어져 온 서양철학의 한 뿌리입니다. 일신론적 종교관과 합체되며 유럽인의 사고에 더욱 깊이 자리 잡았지요. 그러나 결정적인 인식 전환은 17세기에 일어났습니다. 고대 철학을 통해 자연에 관한 이해를 넓히고자 했던 이전의 목표가, 고대의 업적을 뛰어넘는 새로운 지식을 창출하려는 시도로 발전한 것입니다. 이 변화를 우리는 '과학혁명'이라 부릅니다.

과학혁명기의 학자들은 더 이상 고대 그리스와 로마의 지식을 재발견하는 데에 만족하지 않았습니다. 당시의 혁신가(Novatores)들은 고대의 권위 있는 저술들이 제시하는 방향을 맹목적으로 따르지 않았습니다. 프랜시스 베이컨(Francis Bacon)은 정신을 깨끗이 하고 편견에서 벗어나야만 우주를 정확하게 관찰하고 이해하며 사물의 본질을 볼 수 있다고 주장하면서, 과거의 우상들이 인간의 이성을 왜곡시킨다고 경고하기까지 했지요.

↪ Daniel Garber, "Novatores," in *The Cambridge History of Philosophy of the Scientific Revolution*, ed. David Marshall Miller and Dana Jalobeanu (Cambridge University Press, 2022), 35–57.

이러한 인식의 변화는 우리가 '과학'이라고 생각하는 것이 무엇을 의미하는지 이해하는 데 매우 중요합니다. 근대 과학의 출현은 무언가를 '안다'거나 '이해한다'는 말의 의미를 새롭게 정의한 대규모의 문화적 변혁이었기 때문입니다. 저명한 과학사학자인 피터 디어(Peter Dear)는 자신의 저서에서 흥미로운 예시를 들어 이 점에 관해 설명합니다.

새는 정말로 나는 방법을 아는가? 요리사는 빵이 무엇인지를 아는가? 베이컨이라면 첫 번째 질문에 대해서는 "아니오," 두 번째 질문에 대해서는 "아마도"라고 대답했을 것이다. 요리사가 단지 빵을 만들 줄 안다고 해서 그가 철학적인 의미에서도 빵에 대해 "안다"고 말할 수는 없을 것이다. 새가 날아다닐 수 있다고 해서 나는 법을 "안다"고 할 수 없는 것과도 마찬가지다. 하지만 베이컨은, 정의에 따라 판단해보건대, 빵에 대한 진정한 지식을 이미 소유한 철학적 요리사라면 빵을 만들 줄도 알리라고 믿었다. 무엇인가의 본성을 진정으로 안다고 판단할 수 있는 기준은 그것을 인공적으로 다시 만들어낼 수 있는 능력이었기 때문이다. [중략] 결국 베이컨의 아리스토텔레스주의 자연철학에 대한 조롱은 다음과 같은 것이다. 그 자연철학은 사용에 대해서는 입을 다문 채로 설명만 한다. 게다가 그 설명은 그다지 쓸모도 없다.

    당시의 혁신가들은 자연 현상에 대한 일상적인 정보보다는 자연을 어떻게 조작하고 통제할 수 있는지 파악하는 편이 자연에 관해서 더 잘 알게 되는 길이라고 생각했습니다. 따라서 자연에 대해 새로운 정보를 얻으려면 고대의 자연철학을 고집하기보다는 자연이 작동하는 원리를 간파해야 하며, 자연에 대한 전통적인 설명 방식들 또한 새롭게 논증되어야 한다고 여겼지요. 이러한 사상적 변화는 곧 실제 과학 연구 방법에서의 혁신으로 이어졌습니다. 가령 아리스토텔레스의 연역 논리학에 기반한 중세적 방법론은 베이컨에 의해 새로운 과학적 방법론으로 대체되었는데요, 베이컨은 아리스토텔레스의 방식이 기존의 오류를 고치기는커녕 오히려 반복하게 만든다고 비판하면서 새로운 결론에 도달할 수 있는 논증적 전략의 필요성을 강조했습니다. 이때 그가 선택한 것이 올바른 관찰을 통한 귀납 추리와 반복적인 가설 검증, 바로 '실험'이었습니다.

    베이컨은 실험을 통한 관찰이 인간의 감각으로 날것의 자연을 관찰하는 것보다 더 정확하다고 주장했습니다. 당시 새로 발명된 망원경, 현미경, 기압계 같은 도구들을 활

↪ 피터 디어, 『과학혁명』, 정원 옮김, 뿌리와이파리, 2011, 23쪽.

용하여 실험실의 통제된 환경에서 정제된 자연을 관찰하면 자연을 더 정확하게 이해할 수 있다고 본 것입니다. 자연히 실험은, 일상적 자연을 관찰하고 숙고하는 아리스토텔레스의 '경험'과는 달리, 자연을 '귀찮게 하는' 적극적인 작업을 수반했습니다. 그리고 이 방법론적 차이가 전통적 자연철학과 근대과학을 구분 짓는 핵심적인 특징이 되었습니다. 자연을 가두고 통제함으로써 일정한 '법칙'을 얻어내는 것이 과학의 일반적인 과정으로 자리 잡은 것입니다.

실험과학으로의 전환은 당시의 학문적 흐름 전반을 반영했습니다. 토머스 홉스(Thomas Hobbes)는 자연의 기본 원리를 수학적 계산으로 설명할 수 있다고 전제함으로써 세상 모든 것을 기계적 모형으로 설명할 수 있다는 관점을 이끌어냈는데요, 이는 천체에서부터 미세 입자에 이르기까지 우주 만물에 동일한 운동 법칙이 적용되고 있을지 모른다는 인식으로 확장되었습니다. 또한 갈릴레오 갈릴레이(Galileo Galilei)는 정확한 관찰과 그로부터 도출된 공리를 통한 연역적 추론으로 자연에 대한 모든 결론을 얻어낼 수 있다고 주장했으며, 아이작 뉴턴(Isaac Newton)은 모든 자연현상이 기계적 원리에 근거한 하나의 추론 방식으로 설명될 수 있을 것이라 기대했습니다. 근대과학의 발전과 함께 기계론적 자연관이 확대된 것입니다.

결과적으로 '기계론적 철학'과 '실험과학'이라는 새로운 과학적 방법론은 17세기 유럽에서 대승을 거두었습니다. 이 승리를 스탠포드대 과학사 교수인 제시카 리스킨(Jessica Riskin)은 저서 『불안한 시계 The Restless Clock』에서 이렇게 표현합니다.

17세기 중반 이후 현대 과학의 핵심 패러다임인 기계론은 세상을 기계, 즉 태엽을 감는 시계공과 같은 외력에 의해 작동될 때만 부품이 움직이는 불활성 물질로 이루어진 거대한 시계로 묘사한다.

→ 새뮤얼 이녹 스텀프·제임스 피저, 『소크라테스에서 포스트모더니즘까지』, 이광래 옮김, 열린책들, 2004, 322~327쪽.
→→ "Mechanism, the core paradigm of modern science from the mid-seventeenth century onward, describes the world as machine – a great clock ... whose parts are made of inert matter, moving only when set in motion by some external force such as a clockmaker winding the spring." Jessica Riskin, *The Restless Clock: A History of the Centuries Long Argument Over What Makes Living Things Tick* (University of Chicago Press, 2016), 5.

EPPUR SI MUOVE,
그래도 물질은 살아 있나니

그러나 '미친 여인' 마거릿 캐번디시는 당대에 퍼지기 시작한 기계론적 자연관을 정면으로 부정했습니다. 그는 실험과학자들이 자연을 원자나 자연법칙과 같은 특정 원리로 여과해 낸 결과를 인간의 개념적 빈약함과 편협함이 반영된 산물이라고 여겼습니다. 무한한 자연을 유한한 인간의 지성으로 파악할 수 있을 만큼만 딱 편리하게 한계 지었다는 것입니다. 이때 마거릿이 언급한 인간 이성 너머의 자연은 부자연스럽거나 초자연적인 신비로운 속성들이 아니라, 자연의 본질인 '생명력' 그 자체를 가리키는 것이었습니다. 그에 따라 마거릿은 실험과학자들이 '자연은 새로운 것을 창조하지 않는다'고 주장하거나 생물을 연구할 때 생명체를 죽여서 해부하는 것을 강하게 비판했는데요, 이미 생명을 잃은 죽은 생물로 생명체를 연구하겠다는 발상이 그로서는 터무니없게 느껴진 까닭이었습니다.

 같은 이유로 마거릿에게는 '기계론적 철학' 또한 어불성설에 불과했습니다. 만일 온 우주가 특정한 원리에 따라 작동하고 있다면 세상을 이루는 모든 물질은 마치 기계 부품처럼 남의 명령만 따르는 '죽어 있는' 것이 될 텐데, 우주의 모든 것이 물질로 이루어져 있다고 믿었던 마거릿에게 물질이 모두 죽어 있다는 주장은 곧 우주가 죽어 있다는 주장이나 다름없었기 때문입니다. 마거릿은 고대인들과 마찬가지로, 물질이 살아 있다는 사실을 우주가 살아 있다는 사실만큼이나 당연하게 믿었습니다. 그에 의하면 모든 물질은 생명력과 에너지를 지녀 스스로 움직이는데, 이때 스스로 움직인다는 것은 살아 있음을, 다시 말해 자유롭게 지각하고 알며 창조한다는 것을 의미하기 때문입니다.

그런데 만일 물질이 사전에 설계된 도안이나 원리에 따라 기계처럼 작동하는 것이 아니라 '살아서' 자유로이 움직이고 있다면, 어째서 그들은 제멋대로 굴며 혼란을 일으키지 않고 균형을 이루고 있는 듯 보이는 걸까요? 여기서 고대의 물활론(animism)과 마거릿의 자연철학 사이에 존재하는 중요한 차별점이 드러납니다. 그것은 바로 그가 물질이 가진 유기적 기능에 '이성'을 포함시켰다는 점입니다. 마거릿은 자연이 혼돈 상태에 빠지지 않고 안정적으로 운영되는 이유를 기계적 인과성이 아닌, 물질이 가진 이성에서 찾았습니다. 물질은 우리와 마찬가지로 이성을 지닌 존재들이기에, 마치 인간들이 서로 협력하여 사회를 이루듯 물질 또한 서로 협력하여 자연을 이룬다는 것이었습니다. 고대의 물활론이 자연의 불규칙성과 변덕스러움에 주목하여 자연을 '살아 있다'고 여긴 반면, 마거릿은 자연의 조화로움과 일관성에서 자연에 살아 존재하는 이성의 증거를 찾은 셈입니다.

과연 미쳤다는 평가를 들을 만하지요? 마거릿이 이와 같은 독특한 관점을 제시할 수 있었던 가장 큰 이유는 그가 인간을 특별한 존재로 보지 않았기 때문입니다. 그는 인간을 '이성'이라는 특별한 신탁을 받은 존재로 여기지 않았습니다. 만물의 영장으로도, 신의 대리자로도 보지 않았습니다. 마거릿이 보기에 인간은 자연의 마땅한 주인이나 지배자가 아닌 그저 일부에 불과했던 것입니다. 이러한 관점을 반영하고 있는 마거릿의 자연철학은 모든 존재에 과감할 정도로 동등한 권위를 부여하여 존재들 사이의 위계질서를 무너뜨렸습니다. 그에 따르면 자연이란 서로 연결되어 있는 물질들 간의 공동체적 관계로, 모든 물질은 자연의 일부로서 전체에 참여하여 능동적으로 조화를 이룹니다. 한마디로 자연은 인간을 포함한 모든 물질들의 '사회'인 것입니다.

자연에 혼자서, 혹은 스스로 (그러니까 단독으로) 살아갈 수 있는 것은 아무것도 없습니다. 자연의 모든 부분은 하나의 개체를 이루는데, 그 부분들 각각은 무한히 나눠지고 뒤섞이고 변할지 몰라도 일반적으로 볼 때 자연이 지속되는 한 부분은 부분으로부터 분리될 수 없습니다. 아니, 하나의 원자가 죽어 사라지면 무한한 자연조차 이내 멸망할 거라고 단언할 수도 있습니다.

　이러한 입장에서 마거릿은 신의 대리자를 자처하며 자연을 지배하려고 했던 당시 사람들의 과학적 태도를 강하게 비판했습니다. 그들이 자연과 물질을 무시한 채 인간의 권력만을 주장하고 있다고 지적하며 말입니다. 마거릿은 특히 실험과학과 같은 과학적 시도가 인간의 오만과 허영, 탐욕에서 비롯된다고 말했습니다. 그리고 인간은 자신이 자연의 일부일 뿐이며, 자연에 대하여 어떠한 특권적 지위나 외부자적 위치도 갖지 못한다는 사실을 겸허히 받아들여야 한다고 주장했습니다. 이런 맥락에서 마거릿의 자연철학은 놀라울 정도로 현대적인 면모를 갖추고 있습니다. 모든 존재가 내외부적 구분 없이 행위를 통해 상호적 관계를 맺고 있다는 캐런 바라드(Karen Barad)의 '행위자적 존재론(Agential Ontology)'을 예견했을 뿐 아니라, 훗날 알프레드 노스 화이트헤드(Alfred North Whitehead)가 유기체적 '사회', 브루노 라투르(Bruno Latour)가 행위자 '네트워크'라 부르는 물질과 비물질, 인간과 비인간 간의 대칭적

→ 불타는 세계, 46~47쪽.

관계를 몇 세기나 앞서 구상해낸 것이기 때문입니다.

장래희망은 미래의 자연철학 인플루언서

그러나 17세기에 마거릿의 사상은 오히려 시대에 뒤처진 것으로 여겨졌습니다. 이러한 평가에는 여러 복합적인 요인들이 작용했는데, 우선 그의 철학이 르네 데카르트(René Descartes), 헨리 모어(Henry More), 로버트 훅(Robert Hooke)과 같은 당대 저명한 사상가들의 견해와 상충했다는 점, 그리고 당시 학문의 큰 흐름이었던 실험과학과 과학혁명에 저항하는 입장을 취했다는 점을 들 수 있습니다. 하지만 무엇보다도 가장 주요한 이유는 마거릿이 이른바 '과학을 좋아하는 부인들'의 첫 세대 중 한 명으로서 우스운 여성 취급을 받았고, 그로 인해 그의 학문적 성과가 진지한 평가의 대상이 되지 못했다는 데에 있습니다.

때는 왕정복고기, 소녀 마거릿은 찰스 1세의 왕비 헨리에타 마리아(Henrietta Maria)의 시녀로 일하고 있었

→ Siri Hustvedt, "Afterword: Margaret Cavendish: A Grandmother for Twenty-First Century Philosophy of Science," in *Margaret Cavendish: An Interdisciplinary Perspective*, ed. Lisa Walters and Brandie R. Siegfried (Cambridge University Press, 2022), 274–288.

습니다. 내란이 터지자 그는 왕비와 함께 피난길에 올라 파리로 갔으며, 그곳에서 망명 중이던 윌리엄 캐번디시(William Cavendish)를 만나 결혼합니다. 사교계의 총아이자 왕당파의 핵심 인물 중 한 명이던 그는 마거릿보다 서른 살 많았고 첫 번째 부인과 사별한 상태였습니다. 그는 사별한 부인과의 사이에서 장성한 자녀를 이미 여럿 두고 있었는데, 맏딸이 마거릿보다 두 살 많았으며 다른 자녀들도 마거릿과 나이 차이가 그리 크지 않았습니다. 당시 윌리엄은 모든 것을 잃고 파리로 도주한 상태였는데, 그런 그와의 결혼은 마거릿에게 금전적인 안정조차 가져다주지 못했습니다. 그러나 왕정복고 후 찰스 2세와 함께 영국으로 귀환한 이후 캐번디시 부부는 새로운 왕에게서 뉴캐슬 공작과 공작부인이라는 칭호를 받았고, 여생 동안 어마어마한 부와 명예를 누리게 됩니다.

결혼 후 마거릿은 자기가 유일하게 잘하는 일은 글쓰기뿐이라고 생각하게 됩니다. 신흥 귀족 가문의 8남매 중 막내로 자라면서 귀부인의 기본적인 역할들을 배울 기회가 없었던 탓에 가사 관리나 하인 감독과 같은 당시의 안주인들에게 요구되던 업무를 전혀 수행하지 못했기 때문입니다. 더욱이 마거릿은 내향적이고 숫기 없는 성격이었기에 상류사회에서 요구되는 사교 활동이나 손님 접대 같은 일들을 어려워했습니다. 친밀한 교제를 나눌 친구도, 양육할 자녀도 없었던 마거릿은 자신에게 넉넉히 주어진 자유 시간을 의미 있게 활용할 방법을 고민하게 되었고, 결국 자기가 유일하게 잘할 수 있다고 생각한 글쓰기에 전념하기로 결심합니다.

문제는 마거릿이 집필에도 딱히 능하지 않았다는 것입니다. 정식 학교 교육을 받지 못했던 탓에 당시 지식인의 필수 교양이었던 그리스어, 라틴어 등의 고전어를 읽지 못했고, 당연히 고전을 탐독하거나 공부하지도 못했습니다. 글쓰기 또한 제대로 배운 적이 없었기에 철자법에 오류가 많았고, 필체 또한 알아보기 힘들 정도로 독특했지요. 그럼에도 불구하고 그의 남편인 뉴캐슬 공작은 마거릿의 글쓰기를 적극적으로 후원했습니다. 운 좋게도 당시 캐번디시 부부의 집에는 데카르트, 홉스, 호이겐스(Christiaan Huygens) 등 당대 최고의 지식인들이 드나들고 있었습니다. 마거릿의 시동생 찰스 캐번디시가 형 윌리엄과 함께 수학자, 철학자, 과학자 등으로 구성된 '캐번디시 모임'을 주도하며 후원하고 있었기 때문입니다. 비록 이들과 직접적으로 교류하는 경우는 드물었지만, 마거릿은 그들의 대화를 간접적으로 접하면서 최신 과학과 자연철학의 동향을 파악할 수 있었습니다. 그리고 이를 기반으로 자연에 대한 자신만의 독특한 이론을 발전시켜 나갔지요.

부잣집 막내딸로 태어나 가정교사에게 배운 것이 전부

였던 교육 배경을 고려할 때, 실험과학이라는 새로운 학문적 패러다임에 맞서 저항한 마거릿의 행보는 참으로 대담했습니다. 그러나 당시 학계는 천재적인 신예가 등장해 기존 거장들의 이론을 비판해도 단지 젊다는 이유만으로 무시당하기 일쑤인 곳이었습니다. 하물며 마거릿은 정규 교육도 받지 못한 귀족 여성이었으니, 당연히 누구도 그의 이론을 진지하게 받아들이지 않았습니다. 문인들은 그의 철자법과 운율이 형편없다며 비난을 퍼부었고, 과학자들은 그가 쓴 자연철학적 저술이 자신들의 이론을 훼손한다며 불평을 쏟아냈습니다. 그들은 마거릿이 전문적인 용어를 구사하며 사변적 내용을 다루는 논문들을 썼다는 사실에 대해서도 의심의 눈초리를 거두지 않았습니다. 그의 집을 방문하던 많은 학자들의 주장을 도용한 것 아니냐고 말입니다.

이때 비판자들의 태도에는 한 가지 흥미로운 모순점이 존재합니다. 그들은 마거릿이 제대로 교육받지 못했기 때문에 진지한 연구자가 될 수 없다고 비난하면서, 동시에 그가 대학의 지식을 무단으로 도용했다고 공격했습니다. 배운 적이 없어 이해하지도 못하면서, 전문 지식의 훌륭함을 용케 간파하고는 독자적으로 흉내냈다는 것입니다. 이 모순적인 비난의 실체를 들여다보면, 사실 그들이 문제 삼은 것은 마거릿의 지성이나 철학적 깊이가 아니었음이 드러닙니다. 진정한 문제는 오직 하나였습니다. 바로 자연을 탐구하고자 하는 이 사람이 대학과 같은 고등교육기관에는 발조차 들일 수 없었던 '여성'이라는 사실 말입니다.

당시 마거릿을 비판했던 남성 지식인들은 전통적으로 여성의 영역으로 여겨졌던 문예물(Belles-lettres)을 창작하는 여성 작가들조차 언짢아했습니다. 애프러 벤의 사례에서 드러나듯, 여성이 글을 써서 출판하는 것 자체가 당시 영국 사회에서는 매우 이례적인 일이었고, 출판한 여성 작가는 대부분 생계를 위해 글을 써야 했던 중산층이나 하층 계급이었기 때문입니다. 이러한 사회적 맥락 속에서 귀족 여성이 글을 출판하는 일은 그 자체로 눈살이 찌푸려지는 사건이었습니다. 마거릿의 경우는 그에 더해 여성으로서 전통적으로 '남성의 영역'으로 간주되어온 자연과학과 철학 분야에 진출하여 그들의 지적 권위에 도전했다는 점에서 더욱 빈축을 샀습니다. 오랫동안 남성들이 독점해온 지적 권위를 마거릿이 위협하고 있다고 여겼던 것입니다.

당시 사람들은 마거릿을 사치스럽기 짝이 없고 여성으로서 해서는 안 되는 행동을 서슴지 않는 정신 나간 인간으로 보았습니다. 그들은 "시집이 부인 옷보다 열 배나 더 사치스러운 낭비라고들 합니다. 정말 그 가엾은 부인은 좀 제정신이 아닙니다. 감히 책을 쓰고, 그것도 운문으로 쓰다니, 정말 그보다 더 웃기는 일은 없습니다; 베드람 정신

병원에 그보다 더 제정신인 사람이 많은 게 다행입니다. 맹세코, 그가 그렇게 밖으로 나돌도록 놔두는 것은 많은 비난을 받아야 한다고 생각합니다" 따위의 모욕적인 언사를 내뱉으며 마거릿을 비난했고, 마거릿은 "뉴캐슬의 미친 매지(Mad Madge)"로 불리는 불명예를 피할 수 없었습니다.

 이러한 혹평의 근저에는 당시 여성에게 기대되던 사회적 규범과 동떨어진 마거릿의 행동과 태도가 있었습니다. 태생적으로 아웃사이더였던 마거릿은 한편으로는 순진무구하고 천진하지만, 다른 한편으로는 현학적이고 과시적으로 비쳐 얼핏 진정성이 결여된 듯 보이는 면이 있었습니다. 이렇게 비사교적인 성격을 타고난 탓에 그는 사회적 상황에서 어색하고 부자연스러운 모습을 자주 보였고, 우아하고 세련된 공작부인이라면 해서는 안 될 행동들을 지속하여 주변 사람들을 불편하게 했지요. 결정적으로 마거릿은 자신의 자아를 굽히지 않았습니다. 끊임없이 자신을 타인과 구별 지으며 독자적인 정체성을 추구했지요. 그의 자아 주장은 대체로 과도하게 연극적인 행동이나 기이한 옷차림과 연결되었고, 이것이 사람들의 이목을 끌면서 마거릿은 공공연한 험담의 대상이 되었습니다.

→1 이진아, 『선을 넘은 여성들』, 한국문화사, 2023, 216~217쪽.

공작부인의 다시 만난 불타는 세계

마거릿은 매사 수줍고 어색한 공작부인이었지만, 독자적 정체성에 대한 열망만은 참으로 대단했습니다. 1656년 무려 삼십 대의 젊은 나이에 영국 여성으로서는 최초로 세속적 자서전을 출간했을 정도로 말입니다. 마거릿은 이 길지 않은 자서전의 상당 분량을 자신의 성격과 자기가 명예를 추구하게 된 동기를 설명하는 데 할애했는데, 이러한 시도는 단순한 기록을 넘어서는 의미를 가집니다. 여성이 공적인 자리에서 자아를 표출함으로써 한 명의 개인이자 작가로서 독자적인 정체성을 주장한 사례가 되었기 때문입니다. 비록 당대 사람들은 그런 그에게 '미친 매지'라는 별명을 붙였지만, 긍정적인 의미든 부정적인 의미든 간에 그것은 결과적으로 독자성(originality)을 향한 마거릿의 열정적인 추구를 반영하는 호칭이었습니다.

나아가 마거릿은 위대한 저술가가 되고자 하는 포부도 숨기지 않았습니다. 우선 자연철학자로서 그는 당시 학문의 정점이라 할 수 있는 '철학'을 탐구하여 자연과 우주의 근본적인 작동 원리를 직접 밝히고자 했습니다. 그리고 문

→ 본 절은 arte(아르테)에서 출간된 『불타는 세계』의 번역을 근간으로 합니다.

인으로서 마거릿은 자신만의 독특한 문학 세계를 구축하고자 했으며, 그 세계 안에서 절대적인 통치자가 되기를 희망했지요. 이러한 포부는 당시 여성으로 태어난 자신의 처지상 생전에는 독자적인 명예를 얻거나 한 명의 인간으로서 진정한 사회적 인정을 받기 어려우리라는 냉철한 현실 인식에서 비롯된 것이었습니다.

  마거릿에게 있어 글쓰기는 여성이라는 한계를 넘어설 수 있는 유일한 수단으로서, 매우 강한 실존적 의미를 지니고 있었습니다. 마거릿은 문학작품을 단순히 단어들의 나열이 아닌, 언어를 통해 새롭게 창조되는 하나의 독립된 세계로 받아들였습니다. 또한 이러한 세계를 만들어내는 작가의 창조적 능력은 마치 세상을 만드는 신의 창조력에 견줄 만한 것으로 여겼지요. 창조적 상상력은 마거릿이 여성으로서 자아를 실현할 수 있는 가장 강력한 힘이었으며, 고독 속에서도 끊임없이 글을 쓰게 만든 핵심적인 원동력이었습니다. 오직 이 힘을 통해서만 마거릿은 자신만의 고유한 세계를 창조하고, 그 안에서 군주나 황제가 되어 절대적 권위를 행사할 수 있었으며, 그 세계의 창조주로서 유일무이한 존재가 될 수 있었기 때문입니다.

마침내 공작부인은 어떤 모델도 자기 세상의 틀을 짜는 데 도움이 되지 않으리라는 것을 깨닫고 자신의 고안대로 세상을 만들기로 결심했다. 이 세계는 감각적이고 이성적인 자가 운동질로 구성되었는데 [중략] 그렇게 세상이 만들어지고 나자, 그 모습이 어찌나 기이하고 다양하며 질서 정연하고 현명하게 다스려지는지 말로는 도저히 표현할 수 없었고, 자신만의 세계를 만들며 공작부인이 누린 즐거움과 기쁨 또한 마찬가지였다.

이와 같은 마거릿의 문학관은 그가 열망했던 세계가 어떤 것인지를 보여주는 중요한 단서가 됩니다. 그는 1666년 발간된 『불타는 세계 The Blazing World』를 통해 자신만의 독특한 세계를 구축하고자 했습니다. 최초의 공상과학소설을 논하는 계보에서 빼놓을 수 없는 이 작품은 자연과학과 유토피아적 이상이 결합된 허구적 산문으로, 작가의 문학적 상상력이 당대의 과학 이론 및 지식과 만나 탄생한 가상의 세계를 묘사하고 있습니다.

작품은 한 아름다운 여성 주인공이 납치를 당하면서 시작합니다. 주인공을 태운 배는 극점에서 표류하며 얼음바다를 헤매게 되고, 그러던 중 납치범을 포함한 모든 남자 선원들이 목숨을 잃습니다. 유일한 생존자인 주인공은 홀로 낯선 섬에 도착하게 되는데, 바로 '불타는 세계'라 불리

→ 불타는 세계, 93~94쪽.

는 전혀 다른 차원의 세계였습니다. 이 세계에서 주인공은 곰과 같은 모습을 한 인간들에게 구조되고, 여러 섬을 거쳐 마침내 황제 앞에 인도됩니다. 황제는 주인공의 아름다움에 매료되어 그를 아내로 맞이하고, 자신의 모든 권력을 넘겨줍니다. 이로써 주인공은 황후, 더 정확히는 황제와 제위를 공유하는 여제(empress)의 지위에 오르게 됩니다. 여제는 즉위한 즉시 학문과 교육의 진흥에 힘을 쏟습니다. 학문적 성과를 직접 확인하기 위해 제국의 백성들을 불러모아 다양한 학문 분야에 대해 질문하고, 곰, 새, 물고기, 원숭이, 거미 등 동물의 형상을 한 백성들과 함께 고대와 현대를 아우르는 철학적 탐구를 진행하기까지 합니다. 궁극적으로 여제는 권력과 지식을 바탕으로 '불타는 세계'를 자신의 종교적, 과학적, 정치적 이상에 따라 전면적으로 개혁해 나갑니다.

소설은 후반부로 접어들며 더욱 흥미롭게 전개됩니다. '불타는 세계'의 두 번째 파트에서 여제는 모국인 영국이 침략받자 직접 군대를 이끌고 출정하여 적군을 물리칩니다. 이때 여제는 완벽한 지혜와 덕성을 두루 갖춘 이상적인 철인 통치자로 그려지는데요, 전장에서도 찬란한 빛을 발하는 강력한 전사의 모습으로 마치 전능한 여신이나 천상의 존재처럼 허공에 높이 떠 남성 침략자들을 압도합니다. 흥미로운 점은, 이 과정에서 작가인 마거릿 캐번디시

본인이 '불타는 세계'로 초대받아 여제의 서기라는 매우 중요한 역할을 맡게 된다는 것입니다. 마거릿은 자신의 작품에 직접 등장하여 이야기가 진행되는 내내 여제의 충실한 조언자이자 동반자로서 온갖 모험과 시련을 함께하며, 종래에는 '플라토닉한 사랑'을 나누는 연인으로 거듭납니다.

뉴캐슬 공작 부인이 있는데, 최고의 학식과 능변, 지혜, 영리함을 갖추지는 않았으나 분별과 이성을 저술의 원칙으로 삼고 있어 꾸밈없고 합리적인 작가이며 분명 황후님을 최선을 다해 도울 준비가 되어 있을 것입니다. 그렇다면 그 귀부인을 서기로 택하지요, 황후가 말했다.

『불타는 세계』는 장르적 측면에서 매우 독특한 위치를 점유하고 있습니다. 『실험과학 관찰기 Observations upon Experimental Philosophy』(1666)라는 과학 저술의 부록으로 출간되었기에 자연과학적 담론이 서사의 중요한 축을 이루지만, 한편으로 중세 로맨스의 전통을 따르는 모험담적 요소도 포함하고 있으며, 유토피아 문학의 전통을 계승하면서도 동시대의 정치 현실에 대한 비판과 풍자의 성격도 함께 지니고 있습니다. 그러나 동시에 로맨스나 유토피

→ 불타는 세계, 83쪽.

아 소설이라고 하기에는 각 장르의 전형적인 특성을 완벽히 충족시키지 못하며, 과학 논문이나 철학 논문으로 분류하기에도 적합하지 않은 구석이 있습니다. 이러한 이유로 『불타는 세계』는 오랫동안 문학 연구자들에게도 등한시되어왔습니다. 자연스레 마거릿에 관한 평가도 그의 작품이나 학문보다는 그가 보인 엉뚱하고 기이한 행적들에 관한 것이 될 수밖에 없었지요. 위대한 작가로서 역사에 이름을 남기고자 했던 마거릿의 열망은, 결과적으로 '기행을 일삼는 유한부인'이라는 이미지로 귀결된 것입니다.

마거릿은 1653년 첫 저서를 세상에 내놓은 이후 약 이십 년에 걸쳐 전기, 자서전, 산문, 희곡, 소설, 시, 서간집 등 다양한 장르를 아우르는 총 열세 권의 저작(개정판까지 포함하면 23권)을 출간했습니다. 길지 않은 생애 동안 매년 한 권꼴로 집필을 이어왔다는 사실은 여성이라는 제약을 뛰어넘어 자신만의 세계를 구축하려 한 그의 열망이 얼마나 강렬했는지 짐작케 하지요. 다행히 현대에 이르러 그의 문학과 자연철학에 대한 재평가가 활발히 이뤄지고 있습니다. 그러나 마거릿의 삶은 여전히 우리에게 중요한 질문을 던집니다. 그가 꿈꿨던 것처럼, 모든 존재의 이성이 인정받는 '불타는 세계'가 과연 우리 시대에 실현되어 있는가, 여전히 우리 사회가 여성이 자아를 내보인다는 이유만으로 미쳤다며 비난하고 있지는 않은가, 하는 질문 말입니다.

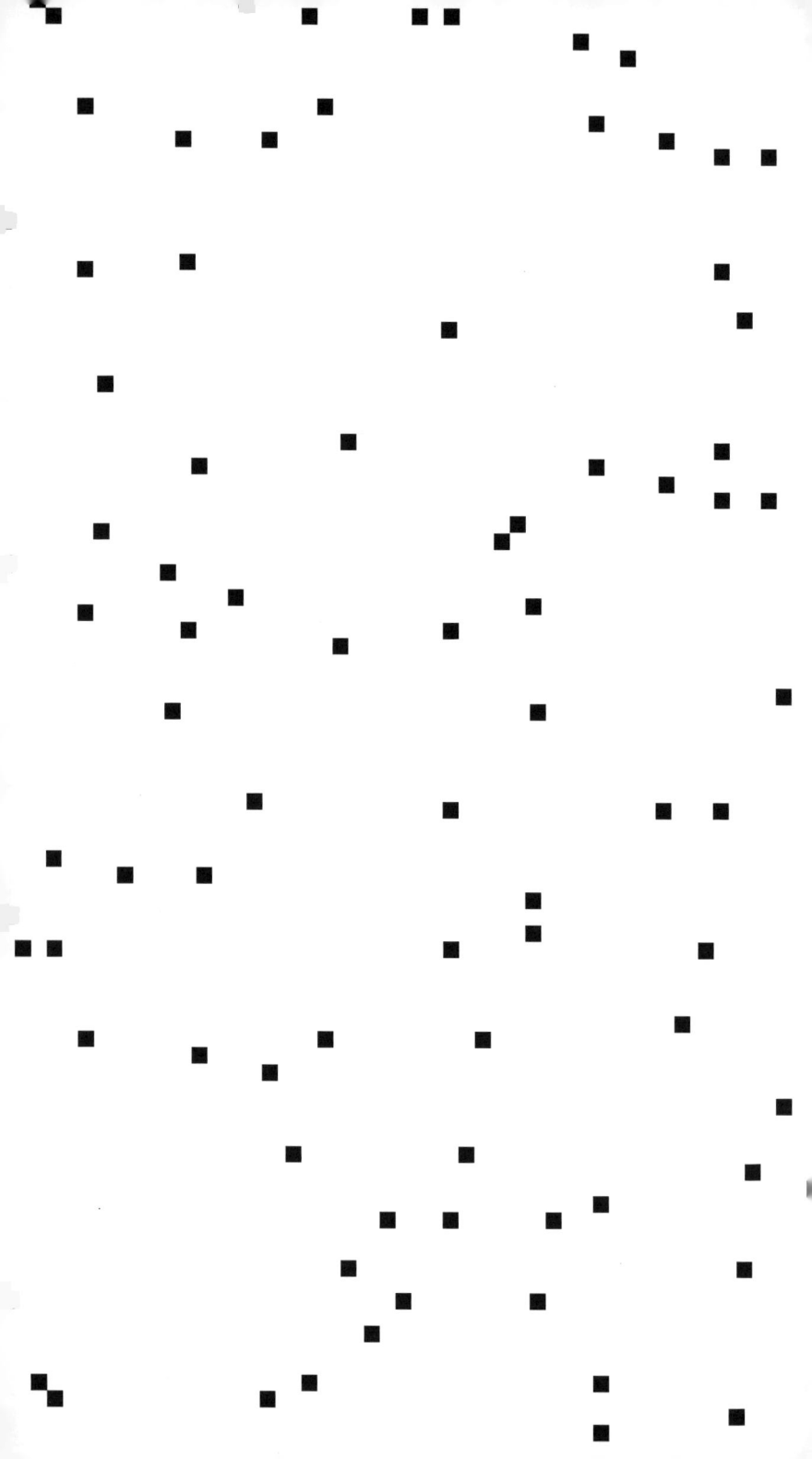

6장

귀부인은
문학과 연애한다

#17세기 #프랑스 #서간문학 #세비녜_부인 #라_파예트_부인
#클레브_공작부인 #소설의_탄생

→ㅣ 본 장은 문학동네에서 출간된 『클레브 공작부인』의 번역과 해설을 근간으로 합니다.

최근 친구의 추천으로 로맨스판타지 소설의 세계에 발을 들이게 되었습니다. 여러 작품들 속에서 여성 주인공들은 운명을 뒤엎는 모험을 떠나거나 계급을 초월하는 사랑을 이루었습니다. 때로는 시간을 역행하는가 하면, 자기가 읽던 소설 속 세계로 빨려들어가기도 했지요. 마치 영화를 보는 것처럼, 책장을 넘길 때마다 새로운 세계가 펼쳐지는 재미에 한동안 흠뻑 빠져 있었습니다.

그러나 이 '로판'이라 불리는 문학 형식은 안타깝게도 진지한 문학작품으로 인정받지 못하는 경향이 있습니다. 비단 '로판'뿐 아니라 연애와 사랑을 다루는 소설들은 대체로 '피상적'이라 치부됩니다. 심지어 여성에게 유해한 장르라는 비판을 받기까지 하지요. 그런데 이것이 온전히 사실이라면, 여성 고전에 대해 말하는 이 책은 어째서 이토록 '사랑, 연애, 결혼'이라는 주제를 반복하여 다루는 것일까요?

그 이유는 간단합니다. 그것이 바로 당시 여성들의 삶이었기 때문입니다. 글을 쓰는 여성 작가들의 삶 또한 이러한 맥락에서 예외가 아니었을 뿐입니다. '로판'과 마찬가지로, 이 책이 다루는 작품들은 모두 뚜렷한 목표와 욕망을 가진 여성들의 삶을 담고 있습니다. 여성의 내밀한 경험, 사회적 제약 속에서 그들이 꿈꾸는 자유와 성장, 그 과정에서 겪게 되는 정치적 투쟁들을 낱낱이 포착하고 있지요.

이 책의 마지막 장에서는, 바로 그러한 여성의 경험이 어떻게 새로운 문학 장르를 일구고 구성하는지에 관해 말하고자 합니다. 그것도 '로판'에 자주 등장하는 궁정과 사교계에서 기원한 문학 장르의 이야기를 통해서 말입니다.

사교계의 여왕? 문단의 여왕!

1626년 파리 마레 지구에 있는 저택에서 한 아이가 태어났습니다. 아이의 가족은 어울리지 않는 두 가문의 결합으로 이뤄져 있었습니다. 아버지 쪽인 라뷔탱 가는 수많은 업적을 남긴 부르고뉴 지방의 명문가였던 반면, 어머니 쪽인 쿨랑주 가는 군납업으로 부를 축적한 오베르뉴 지방의 평민 가문이었기 때문입니다. 라뷔탱 가에서는 형편없이 기우는 결혼이라고 생각했겠지만, 그럼에도 불구하고 아이의 부모는 1623년 파리에서 혼인했고 그로부터 삼 년 후에 마리를 낳았습니다.

비극적이게도, 마리는 아버지와 어머니의 연이은 죽음으로 어린 나이에 고아가 되고 맙니다. 라뷔탱 가의 양육 포기로 마리가 외가에서 자라게 된 것은 부모를 잃은 아이에게 그나마 남겨진 행운이었습니다. 쿨랑주 집안은 유복했고, 여느 귀족 가문들과 달리 비교적 근대적이고 자유로운 가풍을 지니고 있었습니다. 덕분에 마리는 자유주의적인 환경에서 성장하며 상당히 수준 높은 교육을 받을 수 있었습니다. 그 교육은 당시 프랑스의 여자아이들이 평균적으로 받던 수준을 훨씬 웃도는 것이었지요.

1644년, 마리는 결혼과 동시에 파리 최상류층 사교계에 진출합니다. 남편이 유서 깊은 브르타뉴 가문의 일원인 덕분이었습니다. 그러나 그는 바람기와 낭비벽이 심했기에 주변인들은 한결같이 마리의 결혼을 불행으로 생각했습니다. 결혼하고 얼마 지나지 않아서부터 수많은 스캔들을 일으키던 문제의 남편은, 결국 불륜 상대를 두고 연적과 결투를 벌이다 결혼 칠 년 만에 죽음을 맞이합니다.

25세 젊은 나이에 과부가 된 마리는 곧 수많은 구혼자들에게 둘러싸였습니다. 이 시기에 마리의 사촌이자 친구인 뷔시 백작(Bussy-Rabutin, 1618~1693)은 마리에게 이런 편지를 보냅니다.

내 생각에 사교계에서 당신보다 더 사랑받는 사람은 없소.
당신은 남성들의 기쁨이오. 옛날이라면 당신을 위해
제단이 세워지고, 당신은 분명 여신이 되었을 거요. 특히
미덕을 지닌 사람에게 좀처럼 찬사를 보내지 않는 우리
시대에, 사람들은 당신 나이의 여인들 가운데 당신보다 더
사랑스럽고 더 덕망 있는 여인은 없다고 말하고 있다오.

  사교계에서의 인기가 절정에 이른 마리는 파리에서 가장 세련된 살롱들, 특히 랑부예나 느베르 저택에서 열리는 사교 모임에 초대되어 유럽 예술과 문학의 중심 인사들과 교류했습니다. 그리고 그곳에서 마리는 그들의 작품이 탄생하는 광경을 관조하기를 넘어 본인 또한 같은 반열에 오르니, 그가 바로 서간문학의 최고봉으로 꼽히는 마담 드 세비녜(Madame de Sévigné, 1626~1696)입니다.

  17세기에 이르러 프랑스 문학은 황금기를 맞이하고 있었습니다. 웅변술과 비극이 절정에 달했으며, 잠언집이나 우화, 명상록, 서간집 등으로 문학 장르가 확대되었고, 근대소설과 희극이 탄생했지요. 그중에서도 눈에 띄는 점은, 소식을 알리는 수단에 불과했던 편지가 하나의 문학 카테고리로 장르화되기 시작했다는 것입니다.

→ 세비녜, 14쪽.

17세기 초부터 편지는 마드리갈(Madrigal)이나 소네트(Sonnet)처럼 여러 사람 앞에서 공개적으로 낭독되었으며, 여느 문학작품과 마찬가지로 해설과 비판의 대상이 되기도 했습니다. 1623년 게 드 발자크(Jean-Louis Guez de Balzac)에 의해 최초로 서간집이 출간되었고, 뱅상 부아튀르(Vincent Voiture)의 편지들 또한 그의 사후에 발표되었습니다. 이러한 선례로 인해 많은 작가들이 사후에 서간집을 출판할 준비를 하게 되었고, 독자들을 의식하여 편지의 형식을 맞추고 수정·가필하기 시작했습니다. 그러나 당대 사교계를 주름잡던 명사 세비네 부인만은 오직 한 사람, 편지의 수신인만을 위해 글을 썼고, 출판은 전혀 염두에 두지 않았습니다. 그리고 역설적이게도 바로 그 점 때문에 그의 서간집은 1725년 초판이 출판되자마자 서간문학에 있어 '하나의 모델, 그리고 이러한 장르에서 가장 완벽한 것'이라는 찬사를 받게 됩니다.

세비네 부인의 문체에 가장 큰 영향을 끼친 것은 '대화술'이었습니다. 대화술의 발달은 아마도 17세기 사교계의 가장 뚜렷한 특징 중 하나일 것입니다. 이 시기 프랑스 사교계에는 '대화 잘하는 법에 대한 대화'가 폭포수처럼 쏟아져 나왔습니다. 자연스러움, 우아함, 단순함이 글이든 말

→ 《르 메르퀴르 갈랑 *Le Mercure galant*》, 1726년 5월.

이든 모든 담론의 평가 기준이 되었고, 이는 17세기 후반에 이르러 문학의 여러 분야에 깊은 영향을 끼쳤지요. 대담집, 잠언집, 인물론, 성격론, 회상록, 서간집 같은 고전주의 시대 특유의 문학이 이러한 대화술을 모델로 삼았으며, 작가들은 말의 강세와 뉘앙스를 글로 옮기려 애썼습니다.

이때 대화술이 발전한 곳이 바로 여성 주도적 문화 공간 '살롱'입니다. 1620년부터 1650년까지는 랑부예 저택 모임이, 1650년 이후에는 마담 드 사블레, 마담 스카롱, 마들렌 드 스퀴데리 같은 여성들이 프랑스의 살롱 문화를 이끌었습니다. 프레시외즈(Précieuse)라 불린 이들은 살롱이라는 장 안에서 담론 형성을 주도하며 프랑스어의 사용과 귀족 취향의 형성, 그리고 고전주의와 같은 문학 사조에 큰 영향을 미쳤습니다. 대표적으로 문학 살롱의 주최자이자 그 자신이 문필가이기도 했던 마들렌 드 스퀴데리(Madeleine de Scudéry, 1607~1701)는 거의 십오 년 동안 매주 토요일 파리의 주요 문학인들을 자신의 집으로 초대했습니다. 이들은 함께 모여 고전주의 시대의 '교양인'이라는 이상을 형성하며 '대화술'의 규칙을 확립해 나갔고, 그로써 새로운 문학적 감수성이 개화하는 데 중요한 역할을 했습니다.

이렇게 형성된 '교양'은 17세기 프랑스 사회에서 단순히 사회적 규범을 넘어, 보다 포괄적인 문화 개념으로 변모했습니다. 개인적 자질이나 외적인 세련됨이 아닌, 당대 유럽 귀족들의 행동 양식과 사고방식 전체를 아우르는 문화적 이상을 가리키게 되었기 때문입니다. 세련된 품행, 올바른 취미, 명석한 두뇌 등으로 대표되는 이 시대 교양의 특징들 가운데서도 무엇보다 중요했던 것은 바로 '자연스러움'이었습니다. 당대 사교계 여성들에 의해 창안되고 구사된 자연스러움은 인위적인 꾸밈이나 현학적 태도와는 거리가 먼, 노력 없이 흐르는 듯한 우아함을 의미했습니다.

그중에서도 마담 드 세비녜는 자연스러운 태도를 가장 뛰어나게 구현한 사람으로 꼽힙니다. 그의 문학적 스타일, 특히 편지 문체는 당시 귀족 사회의 교양에 대한 이상을 완벽하게 실현해냈습니다. 복잡한 감정을 마치 대화하듯 자연스럽게 표현하면서도, 언어의 세련됨을 잃지 않았기 때문입니다. 세비녜 부인의 절친한 친구였던 마들렌 드 스퀴데리는 이렇게 말했습니다.

그녀의 대화는 쉬우면서 즐거움을 주고 자연스럽다. 그녀는 정확하게 말하고, 잘 말한다… 잊었는데, 그녀는 말하듯이 글을 쓴다.

여기서 "말하듯이 글을 쓴다"는 말은 단순한 칭찬이 아

→ 세비녜, 24~25쪽.

니었습니다. 잘 다듬어진 동시에 아주 자연스러웠던 세비네 부인의 문체는 말의 뉘앙스를 정확히 파악하여 문장을 구성하는 유연성을 지니고 있었습니다. 꼭 그 당시 살롱에서 행해지던 대화술을 종이 위에 그대로 옮겨놓은 것과도 같았지요. 쉽게 말해 세비네 부인의 글쓰기는, 17세기 프랑스 귀족 문화의 정수이자 당대의 문화적 이상이 온전하게 구현된 결과물이었던 것입니다.

세비네 부인은 라 퐁텐(Jean de La Fontaine)이나 샤를 페로(Charles Perrault) 같은 대작가들 사이에서 오로지 편지 쓰기만으로 작가로서의 존재감을 드러냈습니다. 제정 시대에 교육 정책의 일환으로 만들어진 '국민이 반드시 알아야 할 프랑스 작가 목록'에 고전주의 작가로 이름이 올랐고, 『잃어버린 시간을 찾아서 *À la recherche du temps perdu*』로 유명한 작가 마르셀 프루스트(Marcel Proust)도 자신에게 영향을 끼친 작가로 세비네 부인을 끊임없이 언급했습니다. 이런 면에서 세비네 부인은 프랑스 문학사상 가장 독특한 존재 중 하나라고도 할 수 있습니다. 그 자신도 모르는 사이에 작가가 되었기 때문입니다. 아마도 그는 자기가 가족이나 친지들을 위해 쓴 글이 이후 출판되고, 자신이 고전주의 작가로서 연구될 것이라고는 상상도 하지 못했을 것입니다. 그의 지위는 사교계 여성에서 작가로, 그것도 국민적 영예를 얻은 작가이자 '서간체에 관한 한 당대의 가장 뛰어난 인물'로, 자기도 모르는 사이에 변모했던 것입니다.

체험, 숨 막히는 궁정 생활의 현장

세비네 부인의 사례에서 알 수 있듯, 프랑스 여성들은 앙리 4세의 치세부터 본격적으로 서유럽의 문화적 변화를 이끌었습니다. 마담 드 랑부예나 마담 드 사블레와 같은 부인들이 살롱에서 활발히 교류하며 새로운 관습을 만들면, 이것이 귀족 사회에서 교양의 전형으로 자리 잡게 되는 식이었지요. 그런데 어쩌다 특정 사교 공간에서 이루어진 활동이 서유럽 문화 전반에 지대한 영향을 미치게 된 것일까요?

그 까닭을 이해하기 위해서는 당시 프랑스 사회를 지배하고 있던 '궁정 문화'라는 특수한 맥락을 먼저 알아야 합니다. 물론 궁정과 궁정 사회는 오래전 유럽 사회의 형성 과정에서부터 중요한 구심점 역할을 해왔습니다. 그러나 르네상스 이후 세습군주의 궁정과 궁정인들이 강력한 특권층 엘리트 조직을 구성하면서 궁정 사회의 중요성은 더욱 커졌습니다. 17~18세기에는 서유럽 사회 대부분에서 도시가 아닌 궁정과 궁정 사회가 더 막강한 영향력을 행사했을 정도였지요.

그런데 수백, 때로는 수천 명이 왕을 섬기고 보좌하며 친교를 맺던 공간인 궁정은 특정 개인이나 집단에 의해 계획되거나 의도된 곳이 아니었습니다. 궁정인들이 궁정에 모여 있게 된 것은 그들의 자유의지 때문이 아니었으며, 전제군주 한 명의 독창적인 발상으로 그렇게 된 것도 아니었지요. 오히려 궁정 사회는 복잡한 인간관계의 네트워크가 만들어낸 독특한 사회적 구성체에 가까웠습니다.

당시 궁정인들의 특징 중 하나는 수도나 왕의 궁전, 즉 베르사유 궁 내에 '호텔(hôtel)' 혹은 '궁(palais)'이라고 불리는 독자적인 거주 공간을 보유하고 있었다는 점입니다. 이러한 건축물들의 구조를 자세히 들여다보면 궁정인들이 삶에서 어떤 요소를 가장 중시했는지를 파악할 수 있습니다. 우선 궁정 건축물은 실제 거주를 위한 생활공간보다 사교를 위한 공간이 더 넓은 면적을 차지하는 경우가 많았습니다. 궁정인들이 타인과의 '관계 맺기'를 그 어떤 가치보다도 최우선순위에 두었기 때문입니다. 이 사교 공간은 크게 '의전'과 '사교'라는 두 가지 용도로 구분되었습니다. '의전용 아파트'는 주로 늦은 오후 시간대에 귀족 방문객들을 공식적인 예법에 따라 맞이하고 접견하는 장소로 활용되었고, '사교용 아파트'는 그보다 더 친밀하고 자유로운 성격의 모임, 특히 귀부인들이 주도하는 '살롱 활동'이 이루어지는 공간으로 사용되었습니다.

　이때 부부는 각자 독립적인 사교 영역을 영위했는데, 이는 그들의 사교 활동이 단순한 여가 활동이 아닌 궁정인으로서의 책임과 의무를 위한 것이었기 때문입니다. 당시 귀족 사회의 결혼은 가족 생활보다는 가문의 특권을 확장하거나 더 많은 명예와 지위를 얻기 위한 사업적 성격이 강했습니다. 이는 시민사회에서 '가족(famille)'이라 불리던 것이 귀족 사회에서는 '가문(haus)'으로 표현되었다는 점에서 잘 드러나지요. 이런 맥락에서 당시 귀족 사회의 부부 관계는 가문의 '사업'이라는 공동 목표를 위해 유지되었으며, 소위 '바깥주인'과 '안주인'으로 대표되는 파트너 관계에 가까웠습니다. 그들의 업무 공간이 따로 분리된 것은, 어찌 보면 자연스러운 일이었을 것입니다.

　그리고 당연하게도 이러한 파트너 관계는 현대의 부부 관계와는 다른 성격을 띠고 있었습니다. 이들은 부부임에도 불구하고 서로에 대한 감정이나 정절의 의무에서 비교적 자유로웠으며, 가문의 이익이라는 궁극적 목표 아래에서 관계의 친밀도를 전략적으로 조정할 수 있었습니다. 일반 시민사회에서는 사적인 것으로 여겨지던 영역조차 궁정인들에겐 출세와 퇴락의 직접적인 도구이자 공적인 업무 수행의 수단으로 활용되었던 셈입니다.

　이러한 궁정인들의 특성은 부부관계 바깥에서도 이어

졌습니다. 궁정에서 권력의 균형은 기본적으로 친교 활동을 위시한 상호 견제를 통해 이루어졌습니다. 예컨대 왕에게 집무복을 건네는 특권을 지닌 이는 그러지 못한 이들을 업신여겼고, 왕자는 공작에게, 공작은 후작에게 자신의 특권을 내세우며 지위를 확고히 했습니다. 견제를 통해 특권층은 서로의 위치를 고정시키고, 각자가 자신의 지위를 유지하도록 압력을 행사했지요. 그리고 특정한 균형점에 이르러 안정화될 때까지, 상호 간에 압력을 교환하는 견제 행위는 멈추지 않았습니다.

이때 이들이 권력 구도를 안정시키려고 필사적으로 노력했던 데는 나름의 이유가 있습니다. 특권층 사이의 균형이 흔들리면 귀족제 자체가 위태로워질 수 있었기 때문입니다. 귀족제의 위기는 곧 궁정인의 존재 기반에 대한 위협이나 다름 없습니다. 결국 궁정인들은 서로 경쟁하면서도 운명을 공유하는 하나의 공동체로 존재할 수밖에 없었습니다. 이 공동체를 존속시키는 '사교 활동'이야말로 궁정인들에게는 가장 중요한 '일'이었고요. 얼핏 사적인 것처럼 보이는 그들의 궁정 생활은, 모두 사생활인 동시에 궁정인들 자신을 위한 공적 업무이기도 했던 것입니다.

그렇다면 이토록 중요했던 그들의 '질서'는 어떤 식으로 정해졌을까요? 궁정 사회에서 한 인물의 위치는 공식적인 서열과 현실적인 권력 지위라는 두 가지 측면에서 결정되었는데, 특히 '현실적인 지위'가 중요했습니다. 이 사회에서는 인간관계가 가장 중요했기 때문에 재산, 기품, 태도, 용모, 인맥, 귀부인들에 대한 영향력 등 관계에 영향을 미치는 모든 요소가 이 현실적인 지위에 영향을 주었습니다. 곧 이 현실적인 지위란 '평판'의 동의어와도 같아서, 치열하면서도 조용히 형성되어 실시간으로 변화했지요.

늘 미미하게, 때로는 극적으로 사람들 사이의 지위와 관계가 달라졌습니다. 모든 사람의 궁정 서열상 위치는 매우 잠정적이고 불안정했으며, 누군가의 체면 상승은 필연적으로 다른 이의 신분 하락을 의미했습니다. 이렇게 요동하는 서열 질서 속에서 생존하는 것은 궁정인들에게 매우 중요한 동시에 어려운 일이었습니다. 누가 실권을 쥐고 있는지 명확히 드러나지 않는 상황에서는 실권을 장악해가고 있는 사람을 비우호적으로 대하는 것도, 실권을 잃어가는 사람을 지나치게 우호적으로 대하는 것도 위험했습니다. 따라서 규율을 우선시하면서 누구와도 적대관계를 만들지 않으려는 분위기가 형성되었고, 이는 곧 '궁정 예법'과 '중립적 사교술'의 발달로 이어졌습니다.

궁정 예법은 당대 귀족들의 업무 지침과도 같았습니다. 말투, 의복, 걸음걸이, 대화할 때의 몸짓까지도 암호화된 이 궁정 예법은 동시대 다른 사회조직의 풍속과는 확연히 구별됐지요. 그리고 모든 궁정인의 지위는 사회적 여론에 의해 결정되어 예법이라는 상호간의 행동양식을 통해 상대적으로 입증되었습니다. 아주 작은 지위 변화도 즉시 예법 사용에 반영되어 서로의 사회적 위치를 정확히 드러냈기 때문입니다. 궁정 사회에서 개인은 언제나 타인과의 관계 속에서 예법을 통해 자신의 존재 가치를 평가받았기에, 궁정인들에게 있어 예법은 단순히 형식적 예의범절이 아닌 자신의 사회적 정체성을 결정짓는 핵심 요소였습니다. 이러한 맥락에서, 궁정 예법은 당시 궁정 사회의 모습을 그대로 비추는 자화상이자 거울이나 다름없었습니다.

게다가 좁은 궁정 사회에서 궁정인들은 모두 친인척이나 연인, 친구, 상사, 부하 등의 관계로 얽혀 있었습니다. 이처럼 복잡하게 얽힌 관계 속에서는 단 한 번의 실수만으로도 돌이킬 수 없이 치명적인 결과를 초래할 수 있었기에, 언제나 극도로 주의를 기울여야 했지요. 그래서 궁정인들은 일반 시민사회의 것과는 구별되는 독특한 사교술, 이른바 '누구와도 척지지 않는' 사교술을 특별히 교육받았습니다. 가령 모든 궁정인들은 자신의 의사를 표현할 때 극도로 신중해야 했고, 암시적인 표현으로부터 타인의 심리와 행동 동기, 능력과 한계를 정확히 계산하고 예측하는 능력을 갖춰야 했습니다. 상대방의 비언어적 소통 신호들을 예리하게 관찰함으로써, 모든 발언에서 숨은 의미와 의도를 세밀하게 파악할 수 있어야 했던 것입니다.

로망이든 누벨이든
스타일이 좋으면 그만이지

궁정 생활은 라 브뤼예르(Jean de La Bruyère)가 지적했듯이 "심각하고 우울하며 힘겨운 게임"이었습니다. 수많은 사람들이 특권과 지위를 두고 끊임없이 경쟁했고, 불미스러운 사건과 음모, 추문이 나날이 끊이지 않았습니다. 모든 개인이 서로 연루되어 있었고, 왕에게 의존했습니다. 누구든 상대방에게 피해를 줄 수도, 받을 수도 있었습니다. 겉으로는 화려하고 평온하게만 보이던 프랑스의 궁정은, 실상 치열한 사교의 전장이었던 셈입니다.

이때 이러한 프랑스 궁정 사회의 모습을 생생하게 기록한 인물이 있으니, 바로 파리 사교계를 이끈 최초의 여성들 중 한 명인 라 파예트 부인(Madame de La Fayette, 1634~1693)입니다. 그는 하급 귀족 가문 출신으로, 결혼 전 이름은 마리 마들렌 피오슈 드 라 베르뉴(Marie-Madeleine Pioche de La Vergne)였습니다. 그의 아버지는 공병 장교였는데 1649년 사망한 까닭에 마리 마들렌의 다른 자매들은 결혼 지참금을 받지 못하고 당시 관습에 따라 수녀원으

→ 노르베르트 엘리아스, 『궁정사회』, 박여성 옮김, 한길사, 2003, 211쪽.

로 들어가야 했지요. 그러나 마리 마들렌의 인생은 전혀 다른 방향으로 흘러갔습니다. 그의 어머니가 유력 귀족인 르노르네 드 세비녜(Renaud de Sévigné)와 재혼하면서 에귀용 공작부인의 시녀가 되었기 때문입니다. 어머니의 재혼은 마리 마들렌에게 큰 전환점이 되었습니다. 대모인 에귀용 공작부인의 도움으로 16세에 안 도트리슈 왕비(Anne d'Autriche, 1601~1666)의 시녀직을 얻게 된 것입니다. 이후 마리 마들렌은 21세가 되던 1655년에 오베르뉴 지방 출신 귀족 라 파예트 백작 장 프랑수아 모티에(François Motier)와 결혼했으며, 이듬해인 1656년부터 당시 파리에서 가장 유명했던 느베르 저택의 살롱에 출입하기 시작합니다.

라 파예트 부인은 용모가 맑고 단아하며, 속내를 알기 어려운 신비로운 여인이었다고 합니다. 친구들은 그런 그를 '안개'라고 불렀는데, 속마음을 쉽게 드러내지 않는 성향은 17세기 파리 사교계 생활에 매우 적합했지요. 여성으로서는 드물게 철학, 그리스어, 라틴어 등의 고등교육을 받은 라 파예트 부인은 상류 귀족 중심의 문학 살롱에서 라 로슈푸코(François de La Rochefoucauld)와 같은 당대 지식인들과 깊은 친분을 쌓았고, 왕의 동생의 부인이었던 잉글랜드의 헨리에타(Henrietta of England, 1644~1670)와도 친분을 맺어 궁정 사회를 가까이에서 관찰했습니다. 또한 새아버지의 조카였던 세비녜 부인과도 평생에 걸쳐 우정을 나누었습니다.

파리의 살롱에 드나들게 되면서 라 파예트 부인은 곧 작가로서의 활동도 시작했습니다. 그의 첫 저작이자 자신의 이름으로 낸 유일한 작품은, 바로 친구 세비녜 부인의 삶을 그린 문집이었습니다. 이후 라 파예트 부인은 샤를 9세 재위기의 궁정 생활을 소재로 한 첫 소설 『몽팡시에 공작부인 La Princesse de Montpensier』을 1662년 익명으로 출간했으며, 가까운 친구 라 로슈푸코와 함께 9세기 스페인을 배경으로 한 소설 『자이드 Zaïde』를 집필해 1670년에 출간합니다.

세비녜 부인은 절친한 친구의 작품이 나올 때마다 가장 먼저 읽고 옹호했습니다. 라 파예트 부인의 작품이 출간될 때마다 세비녜 부인의 편지에는 그 작품에 대해 주고받은 의견과 그로 인해 야기된 논쟁들이 가득했지요. 물론 세비녜 부인의 비호 없이도 라 파예트 부인의 작품은 충분히 호평받았습니다. 시인이자 문학평론가인 니콜라 부알로는 그를 "파리 사교계에서 가장 총명한 여성, 가장 글 잘 쓰는 여성"이라고 칭찬했으며, 문인 스그레는 '재치를 뛰어넘는 판단력'과 '모든 면에서 솔직하고 진실함을 추구하는 성향' 덕분에 라 파예트 부인이 소설적 서술에서 진

→ 클레브 공작부인, 224쪽.

정한 혁신을 이룰 수 있었다고 평가했습니다.

라 파예트 부인의 여러 작품들 가운데서도 가장 큰 성공을 거둔 작품은 17세기 최고의 베스트셀러라 불리는 『클레브 공작부인La Princesse de Clèves』입니다. 루이 14세가 프랑스를 다스리던 1678년에 출간된 『클레브 공작부인』은 당대 역사소설들의 관행을 과감히 탈피하여 독자들의 주목을 받았습니다. 이를테면 작품은 표면적으로는 앙리 2세가 다스리던 16세기 후반의 르네상스 시대를 배경으로 삼고 있었으나, 실제로는 태양왕 루이 14세의 궁정을 연상시키는 내용을 담고 있었습니다. 이는 동시대 궁정 사회를 비판적으로 조망하기 위해 가까운 과거를 이야기하는 방식으로 시대 설정을 위장한 작가의 교묘한 전략이었지요.

작품은 겉으로는 사랑과 도덕적 의무 사이에서 갈등하는 한 여인의 내면을 다룬 연애소설의 형식을 취하고 있었지만, 그 심층에는 귀족 사회의 권력 관계와 음모, 술수를 날카롭게 해부한 정치적 통찰을 내포하고 있었습니다. 라 파예트 부인은 예리한 관찰자의 시선으로 피로 얼룩진 궁정의 권력관계, 이기적 욕망으로 가득 찬 사랑의 본질, 복잡다단한 인간 심리를 담담히 그려냈는데요, 이때 사랑이라는 감정은 인간의 강점과 취약점을 동시에 드러내며 인

→ 세비녜, 42쪽.

간 본성의 실체를 적나라하게 보여주는 장치로 작용하였습니다. 라 파예트 부인은 사랑이라는 보편적 감정을 이용해 당대 귀족 사회의 권력관계와 인간 본성의 근원적 모순을 포착하였던 것입니다.

『클레브 공작부인』은 내용 면에서 복잡하고 정교한 층위를 지니고 있지만, 형식적인 면에서는 놀라울 정도로 단순미를 뽐냅니다. 이전까지 프랑스에서 인기를 끌었던 작품들은 대체로 구성이 복잡하고 기사도적 요소가 가득했습니다. 때문에 서술이 산만하거나 장황한 측면이 있었지요. 그에 비해 라 파예트 부인의 문장들은 일관되게 간결하고 명쾌했으며, 자연스럽고 절제되어 있었습니다. 이러한 혁신적인 형식에 대해 볼테르(Voltaire)는 "교양인들의 풍습과 자연스러운 연애가 우아하게 묘사된 최초의 소설을 쓴 사람은 마담 드 라 파예트이다. 그녀 이전에는 그다지 사실성 없는 사건들이 과장된 문체로 쓰여졌다"고 이야기했으며, 알베르 카뮈(Albert Camus)는 『클레브 공작부인』을 "스타일이 무엇인지를 보여주는 빼어난 작품"이라고 평가했습니다.

그런데 시대를 아우르며 대문호들에게 찬사를 받은 이 '스타일'이란 구체적으로 무엇을 가리키는 것이었을까요? 12~13세기 이후부터 17세기에 주로 읽힌 로망(roman)은 먼 역사의 저명한 인물이나 모범적 가치를 지닌 인물을 주인공으로 삼았습니다. 그러나 17세기에 이르러 시대적 취향이 변하면서 현실과 더 밀착된 인간 세계를 묘사하는 누벨(nouvelle)이라는 장르가 각광받게 되었습니다. 누벨은 로망보다 짧은 중단편으로, 이야기가 훨씬 간단하고 직선적으로 전개되었습니다. 과거로 거슬러 올라가지 않고 앞으로 나아가는 방식으로만 사건을 서술하였으며, 실제로 있음직한 사건을 묘사하려 했기에 지나치게 완벽하거나 기적적인 모험담은 배제하였지요. 로망이 이상적인 세계를 창조했다면, 누벨은 있을 법한 일상적 이야기들을 그려냈던 셈입니다.

누벨은 고전이나 역사를 개작하거나 사회적 상황을 세세히 묘사하는 대신, 감정 분석에 집중하면서 17세기 후반에 심리소설의 전통을 확립했습니다. 그러나 이와 같은 성과를 거두었음에도 누벨은 당대에 그 문학적 가치를 제대로 인정받지 못했습니다. 많은 사람들이 누벨을 읽으면서도, 누벨이란 장르가 비극이나 우화에 걸맞는 권위를 갖지는 못한다고 여겼기 때문입니다. 이처럼 복잡한 상황 속에서 라 파예트 부인은 로망과 누벨이라는 두 장르를 결합하려 시도했습니다. 그는 대화와 담론들을 단순히 모아놓는 누벨의 방식도, 현실로부터 동떨어진 로망의 방식도 추구

→ 클레브 공작부인, 228~229쪽.

하지 않았습니다. 대신 누벨을 기반으로 시작하되 로망에서 빌려 온 기술적 요소들로 풍부함을 더하는 방식을 실험했지요. 그 결과물이 바로 새로운 스타일의 작품, 『클레브 공작부인』이었던 것입니다.

엇갈리는 사랑의 서막: 응답하라 1678

『클레브 공작부인』은 앙리 2세 치세 말년을 배경으로 시작합니다. 그 시기 궁정에는 전례 없이 빼어난 미인들과 영웅들이 북적였습니다. 그 가운데서도 주인공 느무르 공은 단연 눈에 띄는 특별한 남자였습니다. 그는 모든 이를 즐겁게 하는 밝은 성격을 지녔고, 어떤 운동에든 능숙했습니다. 그가 있는 곳에는 항상 사람들의 시선이 집중되었습니다. 모두가 그의 스타일을 따라 하고 싶어 했지만 아무도 그만큼 멋지게 소화하지는 못했습니다. 그의 유일한 단점은, 그가 너무도 완벽하다는 것이었지요.

그런 그에게 영국의 엘리자베스 공주가 관심을 보입니다. 메리 여왕이 서거했기에 이제 곧 공주는 차기 여왕이 될 터였지요. 프랑스 국왕은 느무르 공에게 이 기회를 놓

→ 클레브 공작부인, 229~230쪽.

치지 말라고 조언합니다. 하지만 느무르 공은 자기가 얼굴도 본 적 없는 엘리자베스 공주에게 구혼한다면, 허영심이 강해 왕위를 노리고 행동하는 줄 알 것이라며 경계합니다. 그러면서 자신이 공주와 결혼한다면 그것은 오직 그와 사랑에 빠졌기 때문이어야 한다고 답하지요.

그즈음 궁정에 눈부신 미인이 등장합니다. 아름다운 여인이 많은 궁정에서도 모두가 감탄할 만큼 완벽한 여성이었지요. 그는 프랑스의 명문가 샤르트르 출신의 상속녀로, 어린 나이에 아버지를 여의고 어머니 밑에서 자랐습니다. 어머니인 샤르트르 부인은 딸의 교육에 온 정성을 쏟아 뛰어난 미모와 교양, 덕성을 두루 갖추게 했습니다. 또한 딸에게 '사랑'에 대해 숨김없이 이야기해주었는데, 남자들의 불성실과 배신, 그로 인한 가정의 불화를 설명해주는 한편으로, 정숙한 여인의 삶에 어떠한 평온이 찾아오는지도 가르쳤습니다. 그리고 그것을 지키기 위해서는 강인한 의지가 필요하다는 것, 결국 '평화로운 가정을 갖는 것'이 여성에게 가장 행복한 길임을 항상 강조했지요.

아름다운 샤르트르 양이 입궁하자 왕비는 물론 왕세자비까지 모두가 이 새로운 미인을 각별히 대했습니다. 하지만 샤르트르 양이 새롭게 맞닥뜨린 세상은 수많은 파벌이 서로 경쟁하고 질투하는 전장이었습니다. 같은 편끼리도 총애나 연인 문제로 갈등했고, 권력과 신분 상승을 위한 싸움도 끊이지 않았습니다. 모두가 더 높은 자리를 원했고, 누군가의 마음을 얻으려 했으며, 또 다른 이를 무너뜨리려 하고 있었습니다.

사랑은 항상 사업과 뒤섞였고, 사업은 항상 사랑과 뒤섞였다. 가만히 있는 사람이 하나도 없었고, 무관심한 사람이 하나도 없었다. 더 올라가기를, 누구의 마음에 들기를, 누구를 떠받들기를, 누구를 해치기를 염원했다.→

 피 튀기는 궁정의 파벌 구도에서, 왕의 오랜 정부인 발랑티누아 공작부인은 샤르트르 양의 숙부가 왕비 편에 섰다는 이유로 그 집안 사람 모두를 밉게 보았습니다. 권력자인 발랑티누아 공작부인이 교묘하게 방해한 탓에 샤르트르 양의 혼사는 막다른 길에 놓이고 말았고요. 그때 나타난 이가 바로 클레브 공작이었습니다. 용감하고 너그러우면서도 신중했던 그는 오래전부터 샤르트르 양을 흠모하고 있었습니다. 그러나 그는 단순히 샤르트르 양과 결혼하는 데에 만족하지 않았습니다. "사랑받지 않고도 결혼할 수 있다는 확신보다 사랑받는 행복"을 원했기 때문입니다.→→

→ 클레브 공작부인, 23쪽.
→→ 클레브 공작부인, 29쪽.

클레브 공작은 샤르트르 양에게 구혼하면서 이러한 진심을 털어놓습니다. 자신의 사랑은 운명과도 같은데, 만약 샤르트르 양이 단지 어머니의 뜻에 따라 의무적으로 결혼을 승낙한다면 자신은 영원히 불행할 것이라고요. 샤르트르 양은 그의 진실한 마음에 감동하여 청혼을 받아들였고, 클레브 공작은 예비 신부의 반응에서 희망을 느낍니다. 비록 지금은 그 감정이 존경과 감사에 그칠지 몰라도, 언젠가는 샤르트르 양의 진정한 사랑을 얻을 수 있으리라는 희망 말입니다.

하지만 약혼 이후에도 상황은 크게 달라지지 않았습니다. 클레브 공작은 더욱 열렬히 구애했지만, 샤르트르 양에게서 원하는 만큼의 반응을 이끌어내지 못했지요. 결국 그는 샤르트르 양에게 실망감을 토로합니다.

당신은 나를 만족시킬 정도의 자비심만 갖고 있소. 나에 대한 설렘, 초조함, 슬픔 따위는 없소. [중략] 당신은 예의 때문에 자제한다기보다 오로지 예의로써 당신이 해야만 하는 것을 하고 있소. 난 당신한테 매력도 없고, 당신 심장을 두근거리게 하지도 않는 것 같소. [중략] 당신 얼굴이 붉어지는 건 맞소. 하지만 그건 부끄러움 때문이지 심장이 뛰어서 그러는 건 아니잖소."

하지만 샤르트르 양은 공작에게 어떠한 대답도 해줄 수 없었습니다. 부끄러워서 얼굴이 붉어지는 것과 심장이 뛰어서 얼굴이 붉어지는 것 간의 차이를 이해할 수 없었기 때문입니다. 공작은 분명 훌륭한 사람이었습니다. 어머니도 그렇게 칭찬했고요. 하지만 그가 훌륭한 사람이라는 사실이 자신에게 특별한 감정을 불러일으키는 것 같지는 않았습니다.

샤르트르 부인은 딸의 고민을 듣고 진중한 조언을 건넵니다. 클레브 공작이 보여준 진정성 있는 사랑에 감사해야 하며, 더 많은 애정을 가져야 한다고 말입니다. 특히 그가 샤르트르 양을 잘 알지도 못하던 때부터 선뜻 사랑해주었다는 점, 아무도 샤르트르 양과 결혼하려 하지 않을 때도 그를 선택해주었다는 점을 강조하면서 말입니다.

이윽고 루브르 궁에서 결혼식이 열렸을 때에도 새 신부는 여전히 클레브 공작이 말하는 감정이 무엇인지 모르고 있었습니다. 하지만 공작은 포기하지 않았습니다. 남편이 되었다고 해서 연인이 되지 말라는 법은 없었습니다. 공작은 단순한 소유를 넘어선 무언가를 계속해서 바라고 있었

→ 클레브 공작부인, 31쪽.

습니다. 이때까지도 그는 미래의 어느 날에는 자신의 소원이 이루어지리라 굳게 기대하고 있었습니다.

그때 느무르 공은 엘리자베스 여왕과의 혼사를 준비하며 한창 바쁜 나날을 보내고 있었습니다. 이미 여러 차례 서한이 오갔고, 이제 직접 여왕을 방문하여 마무리 지으면 되는 상황이었습니다. 오로지 평판만으로 왕위에 오르게 될 자신을 상상하니, 야망 넘치는 젊은이의 가슴은 벅차올랐습니다. 그러던 중 느무르 공은 파리의 한 무도회장에서 이제 갓 클레브 공작부인이 된 샤르트르 양을 만나게 됩니다. 그는 공작부인과의 첫 만남에서 깊은 감동을 받습니다. 춤을 청하러 가까이 다가갔을 때 살짝 고개 숙여 인사하는 공작부인의 모습을 보고 저도 모르게 그만 탄성을 내뱉었을 정도로요. 한편 클레브 공작부인 역시 궁정의 많은 사람들이 칭송하는 느무르 공에 대해 익히 들어 어느 정도 알고 있었습니다. 그날 운명적인 무도회에서 한 남자에게 홀연히 시선을 준 공작부인은, 눈이 마주친 바로 그 순간 그가 느무르 공임을 직감합니다. 숨이 멎을 듯 우아한 자태를 지닌 그에게는 처음 보는 이조차 놀라지 않을 수 없는 특별한 매력이 있었습니다. 이후 클레브 공작부인은 궁정 곳곳에서 느무르 공을 마주치게 됩니다. 그때마다 그는 언제나 다른 이들보다 돋보였고, 재치와 매력으로 모든 대화의 중심에 서 있었습니다.

어느 날 한 모임에서 느무르 공은 말합니다. 자기 연인이 자신이 참석하지 않는 무도회에 간다면 질투가 나고 괴로울 것 같다고요. 클레브 공작부인은 그 말을 듣고 정말로 며칠간 느무르 공이 없는 무도회에는 나가지 않았습니다. 어머니 샤르트르 부인은 남들 앞에서는 딸이 많이 아파서 그랬노라고 두둔했지만, 딸의 진짜 속마음을 알아채고는 경고합니다. '느무르 공은 세상 물정에 밝은 사람이라 쉽게 사랑에 빠지지 않는다' '그에게 여인과의 관계는 단순한 쾌락일 뿐이다'라고 말입니다. 클레브 공작부인은 그제서야 느무르 공에 대한 자신의 감정이 무엇인지 깨닫습니다. 그리고 그것이 바로 남편인 클레브 공작이 자신에게 바랐던 감정임을 알고는 몹시 수치스러워합니다.

공작님의 X는 당신을 선택하지…

한편 느무르 공 또한 클레브 공작부인에 대해 강렬하고도 억제할 수 없는 사랑을 느끼고 있었습니다. 예전에는 모든 사람에게 한결같이 잘해주는 바람에 연인이 너무 많아 흠이 될 정도였으나, 공작부인을 만난 이후부터는 마치 언제 그랬냐는 듯 모든 여자들을 외면했습니다. 심지어 여왕을 만나기 위한 영국행조차 미루자 사람들은 확신하게 되니다. 그가 사랑에 빠졌다고 말입니다. 얼마나 대단한 사랑이길래 왕위마저 포기했느냐는 의문이 퍼져갔지만, 정작 그 상대가 누구인지는 아무도 몰랐습니다. 사람들은 느무르 공이 그의 사랑에 아무 응답도 하지 않는 여인을 짝사랑하고 있을거라고는 꿈에도 상상하지 못했습니다. 하지만 바로 그때 느무르 공은 자신이 넌지시 흘린 말대로 무도회에 참석하지 않는 클레브 공작부인을 보며 희망을 품고 있었습니다.

그리고 얼마 후 샤르트르 부인이 일련의 모든 일을 겪으며 건강이 악화되어 결국 세상을 떠납니다. 이때 딸에게 유언을 남기는데, 이는 클레브 공작부인과 느무르 공의 관계에 영원히 걸림돌이 될 한마디였습니다.

네가 느무르 공에게 마음이 있는 것 다 안다.
[중략]
남편에게 해야 할 의무를 생각하거라. 너 자신에게 해야 할 의무도 생각하고. 네가 얻은, 내가 너에게 그토록 바란 좋은 평판을 다 잃어버릴 수도 있다는 점을 명심해라.
[중략]
이 세상과 이별하는 내게 괴로운 것이 있다면 내 딸이 다른

여자들처럼 타락하는 모습을 보는 거란다.

 어머니를 잃은 클레브 공작부인은 시골에 칩거하며 세상에 홀로 남겨진 듯한 불행에 잠겼습니다. 클레브 공작은 깊은 슬픔에 빠진 아내 곁을 한시도 떠나지 않고 지켰습니다. 공작부인은 더없이 다정한 남편을 생각해서라도 아내로서의 의무를 완벽히 수행해야 한다고 되뇌었습니다. 그것만이 스스로를 지탱할 수 있는 유일한 방법이라 여기면서 말입니다.

 하지만 그렇게까지 하였음에도 느무르 공에 대한 마음을 놓지 못한 공작부인은 결국 그를 피하기로 마음먹습니다. 이후 공작부인은 사교 모임에 나가는 횟수를 줄이고 손님이 오면 남편에게 접대를 맡기며 자리를 피하더니, 종래에는 건강이 좋지 않다는 핑계로 아예 시골로 내려가버립니다. 클레브 공작은 부인의 태도에서 이상한 점을 느끼고 끈질기게 이유를 묻습니다. 결국 공작부인은 자신의 마음을 완곡하게 고백합니다. "제 또래 여자라면 몇 번은 만나게 될 위험을 피하고 싶다"고 말입니다.

 공작은 절망적인 심정으로 아내에게 묻습니다. "도대체

→ 클레브 공작부인, 56쪽.
→→ 클레브 공작부인, 135쪽.

그게 누구요? 당신을 두려워하게 만든 그 행복한 남자가 누구요?" 클레브 공작부인은 끝까지 밝히지 않았지만, 공작은 끝내 심복들을 통해 그자가 느무르 공임을 알아내고 맙니다. 이 과정에서 정신적 고통이 쌓이고 쌓여 병이 되었고, 결국 공작은 쓰러지고 말지요. 공작부인이 정성껏 간호했지만 공작의 병세는 점점 더 나빠지기만 했습니다. 임종을 앞둔 어느 날 밤, 공작은 부인에게 마지막으로 부탁합니다. "당신이 다른 사람에게 느꼈던 감정을 내게도 느꼈다고" 말해달라고요. 하지만 공작부인은 끝내 그 말에 답하지 못했고, 공작은 그렇게 세상을 떠납니다.

남편을 잃은 공작부인은 혼이 빠진 사람처럼 되어버렸습니다. 시누이들이 부인을 파리로 데려왔지만, 한동안 망연자실한 상태였지요. 자신이 다른 사람을 사랑하는 바람에 남편을 죽음으로 몰아넣었다는 생각에 공작부인은 절망합니다. 남편을 뜨겁게 사랑하지 못했음에 크나큰 죄책감을 느낀 것입니다.

한편 느무르 공도 깊은 절망에 빠져 있었습니다. 자신이 사랑하는 여인이 의도적으로 자신을 피하고 있다는 사실을 깨닫고, 깊이 상처받아 두문불출했지요. 하지만 클레브

→ 클레브 공작부인, 136쪽.
→→ 클레브 공작부인, 195쪽.

공작이 세상을 떠났다는 소식이 전해지고 몇 달 후, 그는 파리로 돌아온 클레브 공작부인과 재회하게 됩니다. 느무르 공의 가슴은 다시 희망으로 부풀어 올랐습니다. 이때부터 그는 그 어떠한 것에도 방해받지 않고 클레브 공작부인에게 열렬히 구애하기 시작합니다.

그러나 정작 클레브 공작부인의 마음은 복잡했습니다. 지금 자신에게 구애하는 이 남자가 남편이 살아 있을 때 자신이 사랑했던 바로 그 사람이며, 동시에 남편의 죽음을 초래한 장본인이라는 사실을 떨쳐낼 수 없었던 것입니다. 특히 임종 직전에 자신이 느무르 공과 재혼할까 걱정하던 남편의 모습이 계속해서 마음을 괴롭혔습니다. 결국 클레브 공작부인은 느무르 공의 간절한 구애에 이렇게 대답합니다.

우리가 함께해도 사람들은 당신을 비난할 수 없겠지요. 하지만 남자들이 영원한 약속 안에서 그 열정을 계속 간직할 수 있을까요? [중략] 사랑이 저를 인도할 수는 있어도 제 눈을 멀게 하지는 않아요. [중략] 클레브 공작의 환영이 자꾸 나타나 자기 죽음이 당신 때문이라고 비난할 테고, 당신을 사랑한 저를, 당신과 결혼한 저를 비난할 테고, 당신의 애정과 그의 애정의 차이를 느끼게 할 텐데, 그런 불행에도 제가 익숙해질 수 있을까요? 너무나 강력한 이런 이유들을 저는 무시할 수 없어요.

    과연 이 두 사람의 사랑은 어떤 결말을 맞았을까요? 만일 『클레브 공작부인』이 로망으로 탄생했다면, 주인공과 느무르 공의 사랑은 기적적으로 봉합되어 완벽한 결말을 맞았을 것입니다. 누벨로만 탄생했다면, 주인공의 결정에 역사적이고 정치적인 사유가 개입되지 않았을 것이고요. 그러나 로망도, 누벨도 아닌 『클레브 공작부인』은 기존 장르와는 색다른 방식으로 색다른 결말을 향해 갔습니다.

    우선 『클레브 공작부인』은 서너 명의 핵심 인물들만을 등장시키고 시간 순서에 따라 사건을 배치하는 단순한 구조를 취하고 있습니다. 특히 주목할 만한 점은 이전까지의 일반적인 작품들이 사건의 발생과 그에 따른 인물들의 반응을 다루었다면, 이 작품은 인물들의 감정과 사고가 먼저 존재하고 그것이 사건을 이끌어내는 방식을 취했다는 것입니다. 이러한 구조 속에서 작품의 설득력은 사건의 개연성이 아닌 인물들의 심리적 진실성에 기반을 두게 되었습니다.

    또한 라 파예트 부인은 작품 속 인물들의 대화와 행동, 상황 및 그에 대한 해석을 각각 분절된 요소로 다루지 않

↳ 클레브 공작부인, 209~211쪽.

고 하나의 유기적인 흐름으로 통합하여 서술해냈습니다. 이러한 서술 방식에서 작가의 목소리는 곧 주인공의 내면세계를 직접적으로 반영하는 통로가 되었으며, 때로는 주인공의 의식 깊숙한 곳까지 탐색하거나 다른 등장인물들의 관점을 통해 주인공을 바라봄으로써 그의 무의식적인 층위를 포착해내는 도구로 활용되었습니다. 이러한 서술 전략을 통해 표면적으로 드러나지 않는 인물의 내밀한 심리 세계와 외적으로 표출되는 행동 및 대화가 상호보완적이고 유기적인 관계를 맺게 되었고, 이는 결과적으로 '내적 이야기'라는 새로운 문학적 형식을 탄생시켰습니다. 바야흐로 우리가 현재 알고 있는 근대적 의미의 '소설(modern novel)'이 탄생한 것입니다.

 불과 이삼십 년에 불과했던 프랑스 고전주의 문학의 성숙기 동안 라 파예트 부인은 문학사에 길이 남을 중대한 업적을 이루어냈습니다. 그가 창작한 『클레브 공작부인』은 근대소설의 탄생을 논할 때 미겔 데 세르반테스(Miguel de Cervantes)의 『돈 키호테 *Don Quixote*』나 다니엘 디포(Daniel Defoe)의 『로빈슨 크루소 *Robinson Crusoe*』와 더불어 반드시 언급되는 핵심적인 작품이 되었습니다. 『클레브 공작부인』은 프랑스 최초의 근대소설로서의 위상을 확립했을 뿐 아니라, 심리소설의 선구자적 작품이자 근대적 로맨스 장르의 고전으로서도 중요한 의미를 지닙니다. 『클레브 공작부인』이 보여준 인물의 내면 심리 묘사, 사회적 맥락 속에서의 사랑과 갈등, 도덕적 딜레마의 탐구는 오늘날 우리가 즐기는 많은 로맨스 소설들의 기본 뼈대를 형성하고 있습니다. 라 파예트 부인은 자신을 둘러싼 사회를 예리하고 날카로운 시선으로 끊임없이 관찰하고, 이를 분석적이고 치밀한 방식으로 작품에 담아냄으로써 현대에 이르기까지 무수한 소설가들에게 창작의 영감을 제공하는 원형적 서사의 틀을 확립한 것입니다.

나오며

T. S. 엘리엇은 『고전이란 무엇인가 *What is a Classic?*』에서 이렇게 말합니다.

다른 어떤 문학보다도 보편적이지만 얼핏 한 줌의 위인들만 모여 있는 제한된 범위의 문학인 양 보이는 것이 [중략] 우리에게 고전을 남겼다.*

본디 베르길리우스의 작품들이 어째서 불멸의 고전인지를 설명하고 있는 이 글에서 저는 언제나 여성 문학을 떠올립니다.

---

* "at first sight, a literature of limited scope, with a poor muster of great names, yet universal as no other literature can be; a literature unconsciously sacrificing, in compliance to its destiny in Europe, the opluence and variety of later tougues, to produce, for us, the classic." T. S. Eliot, *What is a Classic?* (Faber & Faber, 1944), 32.

T. S. 엘리엇은 고전의 존재에 역사가 뒷받침되어야 한다고 주장합니다. 작품이 보편성을 갖는 데에는 작가 개인의 능력만큼이나 역사가 중요하기 때문입니다. 여기서 말하는 역사는 단순히 시간 순서대로 작품이 축적된 것을 의미하지 않습니다. 그에게 역사란 과거에 대한 비판적 인식과 함께 현재에 자신감을 갖고 미래를 의심하지 않는 것에서 시작됩니다. 조금 더 풀어 말하자면, 문학이 지금까지 이룬 것들에 대해 자부심을 가지면서도 앞으로 펼쳐질 새로운 가능성에 대한 믿음을 버리지 않는 것이라고 할 수 있겠습니다.

우리가 미래를 믿지 않으면 과거는 우리의 것이 되기를 멈춘다고 T. S. 엘리엇은 말합니다. 미래에 대한 믿음을 잃으면 과거는 그저 사라진 흔적으로 남을 뿐이라고 말입니다. 저는 여성 문학의 역사가 T. S. 엘리엇의 이와 같은 주장을 가장 적절히 예증한다고 생각합니다. 말 그대로 돌연변이이자 특수 사례였던 '여성 문학'은 오늘날에 이르러 다른 어떠한 문학보다도 보편적인 위치를 차지하게 되었습니다. 여성 문학의 선구자들은 수많은 베스트셀러와 다양하고 풍부한 장르의 언어를 탄생시킨 뒤, 그 자신은 문학사의 고전으로 남았습니다. 모든 것은 여성 작가들이, 그리고 독자들이 '미래를 믿었기' 때문에 가능한 일이었지요.

동시에 고전의 존재에 역사가 뒷받침되어야 한다는 T.

S. 엘리엇의 주장은 현재를 살아가는 우리에게 중요한 책임을 부여합니다. 과거 문학의 성취에 대해 비판적 감각과 자긍심을 유지해야 한다는 것입니다. 그러나 잊힌 성취에 대해서는 비판하는 것도, 자부심을 갖는 것도 불가능합니다. 그리고 과거의 성취가 잊히면 미래에 대해 낙관하는 것도 힘들어지지요. 따라서 우리가 가장 먼저 해야 하는 일은, '여성 고전'의 존재를 아는 것입니다. 우리의 이 '앎'이 여성 고전을 고전으로 존재하게 만드는 역사가 되어줄 것이기 때문입니다.

참고문헌

들어가며

Miller, Madeline. *Galatea*. Bloomsbury Publishing, 2022.

Spender, Dale. *Mothers of the Novel: 100 Good Women Writers before Jane Austen*. Pandora Press, 1986.

1장. 헤이안, 중궁님이 보고 계셔!

다카스에의 딸, 『사라시나 일기』, 정순분·김효숙 옮김, 지식을만드는지식, 2012.

무라사키시키부, 『무라사키시키부 일기』, 정순분 옮김, 지식을만드는지식, 2011.

미치쓰나의 어머니, 『청령일기』, 정순분 옮김, 지식을만드는지식, 2018.

사누키노스케, 『사누키노스케 일기』, 정순분 옮김, 지식을만드는지식, 2013.

세이쇼나곤, 『마쿠라노소시』, 정순분 옮김, 지식을만드는지식, 2012.

세이쇼나곤, 『베갯머리 서책』, 정순분 옮김, 지식을만드는지식, 2015.

이즈미시키부, 『이즈미시키부 일기』, 노선숙 옮김, 지식을만드는지식, 2014.

노선숙, 「해설」, 『이즈미시키부 일기』, 지식을만드는지식, 2014, 235~252쪽.

정순분,「무라사키시키부 일기의 해석과 수용 문제 - 마티리꽃을 둘러싼 와카 증답 장면을 중심으로」,『일본학연구』제33집, 단국대학교 일본연구소, 2011, 117~136쪽.

정순분,「비평문학의 새로운 장을 열다 - 젠더적 시점에서」,『일본문화학보』제46집, 한국일본문화학회, 2010, 255~272쪽.

정순분,「《사라시나 일기》의 귀경 여행」,『사라시나 일기』, 지식을만드는지식, 2012, 238~267쪽.

정순분,「여성문학으로서의『청령일기』-미국에서의 수용과 연구 양상을 중심으로-」,『일본학연구』제25집, 단국대학교 일본연구소, 2008, 185~208쪽.

정순분,「해설」,『마쿠라노소시』, 지식을만드는지식, 2012, 178쪽.

정순분,「해설」,『무라사키시키부 일기』, 지식을만드는지식, 2011, 339~351쪽.

정순분,「해설」,『베갯머리 서책』, 지식을만드는지식, 2015, 795~835쪽.

정순분,「해설」,『사누키노스케 일기』, 지식을만드는지식, 2013, 221~250쪽.

정순분,「해설」,『사라시나 일기』, 지식을만드는지식, 2012, 287~299쪽.

정순분,「해설」,『청령일기』, 지식을만드는지식, 2018, 455~477쪽.

정순분,「헤이안 여류 일기 문학의 흐름」,『사라시나 일기』, 지식을만드는지식, 2012, 219~237쪽.

Elshtain, Jean Bethke. "Introduction. Public and Private Imperatives." In *Public Man, Private Woman*. Princeton University Press, 2021.

2장. 중세 유럽 시스터 액트

데니스 하워드 그린,『중세의 여성 독자』, 이혜민 옮김, 연세대학교 대학출판문화원, 2017.

소르 후아나 이네스 데 라 크루스,『첫 꿈』, 신정환 옮김, 경당, 2025.

슐람미스 샤하르,『제4신분, 중세 여성의 역사』, 최애리 옮김, 나남, 2010.

신창석,『중세 여성철학자 트리오』, 일조각, 2021.

아벨라르·엘로이즈, 『아벨라르와 엘로이즈』, 정봉구 옮김, 을유문화사, 2015.

아일린 파워, 『중세의 여인들』, 이종인 옮김, 즐거운상상, 2010.

이은기, 『중세의 침묵을 깬 여성들』, 사회평론아카데미, 2022.

쟝 루이 플랑드렝, 『성의 역사』, 동문선, 1994.

한정숙, 『여성은 이렇게 말했다』, 길, 2008.

흐로스비타, 『파프누티우그』, 열혈학사 (전자책).

Brown, Phyllis Rugg, Katharina M Wilson, and Linda A McMillin. Hrotsvit of Gandersheim: Contexts, Identities, Affinities, and Performances. *Hrotsvit of Gandersheim*. University of Toronto Press, 2004.

Case, Sue-Ellen. *Feminism and Theatre*. Routledge, 2014.

Case, Sue-Ellen. "Re-Viewing Hrotsvit." *Theatre Journal* 35, no. 4 (1983): 533-42.

Frugoni, Chiara. "The Imagined Woman." In *History of Women in the West, Volume II: Silences of the Middle Ages*. Belknap Press, 1998.

Wilson, Katharina M. *Medieval Women Writers*. Manchester University Press, 1984.

3장. 난공불락의 도시에 오신 것을 환영합니다

기욤 드 로리스, 『장미와의 사랑 이야기』, 김명복 옮김, 솔, 1995.

데니스 하워드 그린, 『중세의 여성 독자』, 이혜민 옮김, 연세대학교 대학출판문화원, 2017.

마리트 룰만, 『여성 철학자』, 이한우 옮김, 푸른숲, 2005.

슐람미스 샤하르, 『제4신분, 중세 여성의 역사』, 최애리 옮김, 나남, 2010.

아일린 파워, 『중세의 여인들』, 이종인 옮김, 즐거운상상, 2010.

요한 하위징아, 『중세의 가을』, 이종인 옮김, 연암서가, 2012.

요한 하위징아, 『중세의 가을』, 이희승맑시아 옮김, 동서문화사, 2016.

정현백, 『처음 읽는 여성의 역사』, 동녘, 2011.

크리스틴 드 피장, 『숙녀들의 도시』, 이봉지 옮김, 지식을만드는지식, 2011.

크리스틴 드 피장, 『여성들의 도시』, 최애리 옮김, 아카넷, 2012.

한정숙, 『여성은 이렇게 말했다』, 길, 2008.

4장. 잃어버린 르네상스를 찾아서

고전 르네상스 영문학회, 『영문학으로 문화 읽기』, 신아사, 2005.
데니스 하워드 그린, 『중세의 여성 독자』, 이혜민 옮김, 연세대학교 대학출판문화원, 2017.
마거릿 캐번디시·애프러 벤·일라이자 헤이우드, 『판토미나』, 최유정 옮김, 문학동네, 2024.
마르트 룰만, 『여성 철학자』, 이한무 옮김, 푸른숲, 2005.
마리 드 프랑스, 『래 모음집』, 윤주옥 옮김, 아카넷, 2023.
버지니아 울프, 『자기만의 방』, 오진숙 옮김, 솔출판사, 2019.
슐람미스 샤하르, 『제4신분, 중세 여성의 역사』, 최애리 옮김, 나남, 2010.
아일린 파워, 『중세의 여인들』, 이종인 옮김, 즐거운상상, 2010.
애프러 벤, 『떠돌이 혹은 추방된 기사들』, 홍유미 옮김, 지만지드라마, 2019.
애프러 벤, 『오루노코』, 최명희 옮김, 동안, 2014.
엘리자베스 케리, 『메리엄의 비극』, 최영 옮김, 지만지드라마, 2019.
원유경, 『영문학 속 여성 읽기』, 새움, 2012.
이은기, 『중세의 침묵을 깬 여성들』, 사회평론아카데미, 2022.
이진아, 『선을 넘은 여성들』, 한국문화사, 2023.
정현백, 『처음 읽는 여성의 역사』, 동녘, 2011.
한정숙, 『여성은 이렇게 말했다』, 길, 2008.
Case, Sue-Ellen. *Feminism and Theatre*. Routledge, 1988.
Kelly, Joan. *Women, History & Theory: The Essays of Joan Kelly*. University of Chicago Press, 1984.

5장. 미친 매지와 정신 나간 물질의 세계

마거릿 캐번디시, 『불타는 세계』, 권진아 옮김, arte, 2020.
마르트 룰만, 『여성 철학자』, 이한무 옮김, 푸른숲, 2005.
새뮤얼 이녹 스텀프·제임스 피저, 『소크라테스에서 포스트모더니즘까지』, 이광래 옮김, 열린책들, 2004.

이진아, 『선을 넘은 여성들』, 한국문화사, 2023.
퀑탱 메이야수, 『유한성 이후』, 정지은 옮김, 도서출판 b, 2024.
퀑탱 메이야수, 『형이상학과 과학 밖 소설』, 엄태연 옮김, 이학사, 2017.
피터 디어, 『과학혁명』, 정원 옮김, 뿌리와 이파리, 2011.
한정숙, 『여성은 이렇게 말했다』, 길, 2008.
Cunning, David, and Margaret Cavendish. *Margaret Cavendish: Essential Writings*. Oxford University Press, 2019.
Hustvedt, Siri. "Afterword: Margaret Cavendish: A Grandmother for Twenty-First Century Philosophy of Science." Chapter. In *Margaret Cavendish: An Interdisciplinary Perspective*, edited by Lisa Walters and Brandie R. Siegfried, 274-88. Cambridge: Cambridge University Press, 2022.
Miller, David Marshall, and Dana Jalobeanu. *The Cambridge History of Philosophy of the Scientific Revolution*. Cambridge University Press, 2022.
Riskin, Jessica. *The Restless Clock: A History of the Centuries-Long Argument over What Makes Living Things Tick*. The University of Chicago Press, 2016.
Sarasohn, Lisa T. *The Natural Philosophy of Margaret Cavendish: Reason and Fancy during the Scientific Revolution*. Johns Hopkins University Press, 2010.

6장. 귀부인은 문학과 연애한다
노르베르트 엘리아스, 『궁정사회』, 박여성 옮김, 한길사, 2003.
데버라 펠더, 『여자만의 책장』, 박희원 옮김, 신사책방, 2024.
라 파예트 부인, 『클레브 공작부인』, 류재화 옮김, 문학동네, 2011.
안 포레 카를리에·자클린 리슈탱슈타인·장 마리 브뤼종·장 프랑수아 그룰리에, 『세비녜』, 장진영 옮김, 창해, 2001.

나오며
Eliot, T. S. *What is a Classic?*. Faber & Faber, 1944.